基于现代学徒制育人模式下的高职院校教学管理研究

刘艳 著

辽海出版社

图书在版编目（ＣＩＰ）数据

基于现代学徒制育人模式下的高职院校教学管理
研究 / 刘艳著 . -- 沈阳：辽海出版社，2018.3

ISBN 978-7-5451-4693-6

Ⅰ . ①基… Ⅱ . ①刘… Ⅲ . ①高等职业教育－教学
管理－研究 Ⅳ . ①G718.5

中国版本图书馆 CIP 数据核字（2018）第007211号

责任编辑：丁　凡　高东妮

责任校对：丁　雁

北方联合出版传媒（集团）股份有限公司

辽海出版社出版发行

（辽宁省沈阳市和平区十一纬路 25 号 辽海出版社　　邮政编码：110003）

北京市天河印刷厂印刷　　　　全国新华书店经销

开本：710mm×1000mm　1/16　　印张：10　　字数：164千字

2020 年 1 月第 1 版　　2020 年 1 月第 1 次印刷

定价：40.00 元

前　言

　　现代学徒制是当前职业教育领域普遍关注的问题，是近年职业教育工作重点之一。现代学徒制是将传统的学徒培训与现代学校职业教育结合起来共同培养人才的职业教育制度和形式。高职院校教学管理中现代学徒制与我国传统的"校企合作"模式在参与者主体地位、学生身份、校企双方合作方式与深度等方面存在不同。西方现代学徒制多以企业为主体，坚持企业本位的人才培养模式。我国学习和借鉴西方现代学徒制就是为了破解传统"校企合作"在人才培养中的发展难题。在政府的积极推动下，我国已全面推进现代学徒制试点工作。但受传统"校企合作"育人模式和"学校主导职业教育"理念的影响，我国的现代学徒制实践大多坚持学校主体的人才培养模式。因此，在研究和实践中，关于现代学徒制的主体性问题却出现了争议和分歧：现代学徒制应该坚持企业主体、学校主体还是校企双主体抑或是政校行企等多主体模式？研究者和实践者莫衷一是。企业主体的现代学徒制在我国是否有生存的土壤？学校主体的现代学徒制如何调动企业的参与积极性而不掉入传统"校企合作"浅表化的窠臼？校企双主体的模式又如何平衡校企双方的利益与职责？政校行企等多主体的模式是否会陷入主体不明确的泥淖？可见，现代学徒制主体的确定性追求是实施现代学徒制的先行条件，它直接影响着人才培养的质量和规格。

　　本书旨在借鉴情境学习理论和利益相关者理论，探讨企业主体的现代学徒制的发展图景，并从情境学习理论出发，构建一个企业主体的现代学徒制人才培养模式基本框架，从而提出企业现代学徒制人才培养模式的发展策略。

　　首先，从历史和价值维度审视了我国传统"校企合作"人才培养模式的发展逻辑，从职业院校、企业、行业、学生、政府等参与主体分析了"校企合作"中的问题与成因。其次，通过比较分析阐述了德国、英国、澳大利亚、瑞士四国的现代学徒制发展模式，对其发展脉络的厘清、内涵特征的解析以及运行模式的把握，归纳和总结了其发展的成功经验及其共性，为我国现代学徒制人才培养模式的理论建构和实践探索提供借鉴。再次，根据我国已有的研究和实践，在借鉴国外发展经验的基础之上，厘定了我国企业主体的现代学徒制人才培养模式的内涵与特征，并尝试着构建了企业主体的现代学徒制人才培养模式的基本框架。然后，基于上述研究，以具体的企业现代学徒制人才培养模式——"博世学徒制"进行个案剖析，以明确企业现代学徒制实践过程中的问题与挑战。最后，根据我国现代学徒制实践发展中面临的困境与问题，从顶层设计、保障体系、课程体系、教学组织、学生身份、师资建设以及人才培养模式的多样化创新等方面提出了深化我国现代学徒制的策略建议。

目 录

第一章 学徒制育人模式教学管理概论

第一节 学徒制育人模式教学管理研究背景

杜威曾说过"中国实业教育的范围应该把它扩大一些。这一句就是说，中国的学徒制应该改良。所我国为职业教育的广大计划的目的，就在乎改良中国现代的学徒制，使一般学徒得到更有用的智识，养成更熟练的技能。"杜威是世界上公认的实践教学的第一人，我国陶行知先生是最早在我国学校实行"做中学"教学的。这为现代学徒制在我国高职教育教学中的应用奠定了理论基础。从 1980 年以来，离等职业教育已经发展了 30 多年。随着我国经济社会和世界环境等宏观环境的变化，高职教育教学方式也在不断变革。1996 年《中华人民共和国职业教育法》确定了职业教育在我国教育体系中的法律地位。特别是在 2010 年《国家中长期教育改革和发展规划纲要（2010－2020 年）》（W 下简称《纲要》）的提出，把高等职业教育提高到国家战略地位。《纲要》明确提出："发展职业教育是推动经济发展、促进就业、改善民生、解决农'问题的重要途径，是缓解劳动力供求结构矛盾的关键环节，必须摆在更加突出的位置。"接着，《教育部关于推进高等职业教育改革创新引领职业化教育科学发展的若干意见》（教职成［2011］12 号）提出"推广高等职业学校单独招生改去试点工作经验，完善"知识＋技能"的考核办法。"，"鼓励职业学校和企业联合开展先招工、后入学的现代学徒制试点。"2014 年，是中国职业教育史上的一个重要纪元，一个新的里程碑。《国务院关于加快发展现代职业教育的决定》（国发［2014］号）规定："积极进学历证书和职业资格证书双证书制度。开展校企联合招生、联合培养的现代学徒制试点，完善支持政策，推进校企一体化育人。开展职业技能竞赛。"根据《国务院关于加快发展现代职业教育的决定》，教育部印发了《教育部关于开展现代学徒制试点工作的意见》，提出了现代学徒制试点的工作原则："坚持政府统筹，协调推进；坚持合作共赢，责任共担；坚持因地制宜，分类指导；坚持系统设计，重点突破。"把握试点工作的内涵，即"积极推进招生与招工一体化；深化工学结合人才培养模式改革；加强专兼结合师资队伍建设；形成与现代学徒制相适应的教学管理与运行机制。"尤其是《现代职业教育体系建设规划（2014－2020年）》（教发［2014］6号）对"推进现代学徒制试点"表达更加具体："在有条件的企业试行职业院校和企业联合招生、联合培养的学徒制，企业根据用工需求与职业院校实行联合招生（招工）、联合培养。完善支持政策，通过政府、企业、社会、家庭等多渠道筹集学生（学徒）培养培训经费。"由于18世纪中叶的工业革命发生在欧洲，所教育职业性质的学徒制首先在欧洲发达国家发展，如英国、德国、澳大利亚、瑞士等。现代学徒制是结合传统学徒制和现代职业教育的优势发展起来的。特别是2008年经济危机之后，"德国、瑞士、奥地利等欧洲国家的就业情况并没有收到经济危机影响，应归因于德国的双元制职业教育。"英国和澳大利亚在德国"双元制"职业教育基础上分别发展了具有本国特色的"现代学徒制"和"新学徒制"。西方国家的现代学徒制的有效运用，取得骄人成绩，促使我国在借鉴外国经验的同时，寻求具有中国特色的现代学徒制。笔者一直对高职教育的实践教学比较感兴趣，并阅读了大量文献。最近几年国家对职业教育中的现代学徒制进行试点，江苏省也在积极响应《国务院关于加快发展现代职业教育的决定》的精神，在无锡、泰州、苏州等地区进行现代学徒制试点。由于现代学徒制的特点之一就是校企合作，在谈到现代学徒制时不得不对校企合作中的学校和企业两个主体及具有双重身份的学生（学徒）的行为进行研究。然而现实状况不容乐观，校企合作中出现"一头冷"现象，企业对校企合作的动为不足和积极性不高。企业是营利组织，它追求的是利益最大化，而学校是非营利组织，职业教育是准公共产品，如何协调双方的利益而进行长效的合作呢？双方的权责关系是什么？双方对待现代学徒制的期望如何？这些都激发了笔者将经济学和企业管理的相关理论来分析现代学徒制的想法。

通过查阅文献，发现把经济学与管理学理论结合起来，从宏观环境到微观环境深入分析高职教育的现代学徒制的相关研究比较少，最终坚定了笔者此为研究内容的决心。

第二节 现代学徒模式下高职院校的教学管理理论基础

学徒制绝不是一个横空出世的概念，它充分的借鉴了上个世纪八十年代的众多教学理论和学习实践，因此它以许多理论为基础，这主要体现在以下几个方面。

一、皮亚杰（1966）的建构主义学习理论

建构主义理论有着非常丰富的内涵，包含知识观、学习观、教学观等等。它认为学习者习得知识的过程绝对不是简单被动的，而是一种积极主动的建构，它要求学习者进行探究性学习，最重要的是在探究性学习的过程中建构自己的主观意见。学习，简而言之就是学习者建构自己的知识框架的过程，它以原有的知识为基础，以现存的新信息为桥梁，通过对其进行全新的认识和编码，并且在不同的经验中创造经验来完成。建构主义要求学习必须是在一个包括情境、协作、交流和意义建构四个部分的学习环境中才是有意义的。此外，建构主义理论同样倡导反思性学习，提出学习者可以通过向他人学习、完善自己的学习方式方法、不断地进行自我反思、自我分析等等方法一步步向专家靠拢。认知学徒制理论强调是和建构主义理论不可分的认知学徒制理论也学习的情境性、社会性、反思性、探究性等等，所以它是建立在建构主义理论基础之上的。

1. 建构主义的由来

"建构"一词是瑞士心理学家皮亚杰的《发生认识论》著作中的一个概念。他在研究中发现儿童关于对现实的认识与成人有很大的不同，尽管他们看到的是同一现象，却可能做出完全不同的解释。皮亚杰认为，这表明了认识活动的建构性质，即无论是儿童还是成年人，他们对客观世界的认识都依赖于自身的"认知结构"（由主体已有的知识和经验构成的关于自

然与社会的认知框架），或者说，认识即是一种以主体已有的知识和经验为基础的主动的建构活动，这也是建构主义观点的核心所在。皮亚杰对知识的建构过程，提出了两个关键的概念：同化和顺应。同化是指把新的知识纳入到主体已有的认知结构之中。只有借助于同化过程，新知识对主体来说才获得真正的意义。当主体的认知结构无法"容纳"或"解释"新知识时，主体就必须对已有的认知结构进行变革，使之与新知识相适应，这称之为顺应。通过同化和顺应，主体的认知结构不断重构与发展。这也是儿童智力发展的实质。

事实上，作为人的一种认知方式或教育实践模式，建构主义并不是当代才有的，其起源可以追溯到苏格拉底著名的"产婆术"。在近代，建构主义可以追溯到 18 世纪文艺复兴时代意大利的哲学家、人文主义者詹巴蒂斯塔·维柯，他被尊奉为"18 世纪初建构主义的先驱"。在现代受杜威、维果茨基等教育学家、心理学家的影响。杜威的经验性学习理论，认为教育必须建立在经验的基础上，教育就是经验的生长和经验的改造，是在经验中，由于经验和为着经验的一种发展过程。维果茨基的"文化历史发展理论"，主张认知过程中学习者所处社会文化历史背景的作用，他很重视学生原有的经验与新知识之间的相互作用。维果茨基把学习者的日常经验称为"自上而下的知识"，而把他们在学校里学习的知识称为"自下而上的知识"，自下而上的知识只有与自上而下的知识相联系，才能获得成长的基础。此外，柯尔伯格在认知结构的性质与认知结构的发展条件等方面作了进一步的研究，斯腾伯格和卡茨等人则强调了个体的主动性在建构认知结构过程中的关键作用，并对认知过程中如何发挥个体的主动性作了认真探索，以维果茨基为首的维列鲁学派深入地研究了"活动"和"社会交往"在人的高级心理机能发展中的重要作用。所有这些研究都进一步丰富和完善了建构主义理论，为它实际应用于教育过程创造了条件。

2. 当代建构主义观念

"建构主义"这一概念是在 20 世纪 70 年代被提出，并在欧美国家形成了一种庞杂的社会科学理论，其思想来源驳杂，流派纷呈。作为一种文化哲学思潮，建构主义目前还没有形成稳定、清晰的体系。关于建构主义分类就有各种不同的方法。国外把建构主义大致分为三类，即"极端建构主义"、"个人建构主义"和"社会建构主义"。

极端建构主义之所以被称为是极端的，是因为其对传统的"本体论"和"认识论"问题采取了彻底否定的态度。由于认为一切知识都是主体的建构，因此，在极端建构主义者看来，我们就不可能有对外部世界的直接认识，我们也不可能证明所建立的知识的客观真理性。其观点是：由于各个个体必然地具有不同的知识背景和经验基础（即不同的认知结构），因此即使是就同一个对象的认识而言，相应的认识活动也不可能完全一致，而必然地具有个体的特殊性。极端建构主义还强调了认识活动的"自主性"，即认识的目的与各人的认识目标相关，因而个人的建构是一种高度自主的活动。上述观念常常被称为"个人建构主义"。社会建构主义明确肯定认识活动的社会性质。

因为个体的认识活动是在一定的社会环境中得以实现的，因而，就必然地有一个交流、反思、改进、协调的过程。因此，应肯定社会共同体对于个体认知活动的"规范"作用。又因为个人认知是一种以语言（或说文化生成物）为中介的行为，这种文化生成物在认识活动中的中介作用集中体现了文化传统在个人认知活动中的重要作用。特别是，它不仅提供了重要的知识源泉，而且也对个人的认知活动有着重要的约束作用。因而，就各个个体的智力发展而言，就必然地表现出高度的统一性，即是个体特殊性与社会统一性的一种辩证统一。尽管不同的建构主义学派研究问题的着眼点、提出问题的方式和使用的术语存有差异，但它们的观点有许多共同的成分。比如认为世界是客观存在的，但是对于世界的理解和赋予的意义却是由每个人自己决定的。世界的意义并非独立于主体而存在，而是源于主体的建构。人是以自己的经验为基础用自己的方式来建构世界的意义，建构现实，或者至少说是在解释现实；每个人的世界是用自己的头脑创建的，由于主体的经验以及对经验的信念不同，主体对外部世界的理解也是多元的。所以建构主义者更关注如何以原有的经验、心理结构和信念为基础来建构精神世界，强调主体的主动性、社会性和情境性。

二、维果茨基的社会文化理论

早在 20 世纪 80 年代，前苏联心理学家维果茨基就提出了社会文化学习理论，在此理论的指导下，学者们对人类心智功能的社会性方面作出了相对深入的探究，探究也进一步证实了其理论的基本观点，即学习是在一定的社会文化背景下进行的，不同的知识来源于丰富多样的社会实践，鉴于此，他们提倡认知学徒制这种教学方法。认知学徒制深受社会文化理论一些观点的启发，主要表现在以下三个方面：

2.1 维果茨基认为高级心智能力常常通过孩童参与成人解决问题的形式首先出现在社会"心智间"，也就是说个体高级心智能力的发展源于社会协作。2、活动理论的内化原则。维果茨基认为认知是学习者通过参与社会情境中的一些行动，将所获得的知识内化而得以发展。

2.2 强调儿童内部思维的表达。维果茨基认为清晰表达源于社会性交互而形成的内部思维可以让学习者对学习过程有更清晰的认识，有助于学习者的学习。由以上三种观点不难看出，认知学徒制理论从社会文化理论中汲取了丰富的养料，从而强调学习是一种社会性行为，知识是由社会协商并且集体建构的，它极度重视人与人之间的社会关系，要求学习者在真实的情境中，即在一种积极地、开放的、交流的学习环境中参与、探讨、反思并且寻找解决实际问题的策略。这些观念与认知学徒制的专家示范、监控指导、脚手架的搭建与拆除和学习者的积极参与、协作学习、清晰表达、反思等关键技术相一致，维果茨基的社会文化理论为认知学徒制理论奠定了基础，所以它是认知学徒制的重要理论基础之一。

2.3 维果茨基（2002）提出"最近发展区"理论

"最近发展区"（Zone Of Proximal Development）是指儿童独立自主的解决实际问题的能力与其在家长的指导和帮助下解决问题的能力之间的差距，这种差距不是静态的、固定不变的，而是呈现出一种动态发展的趋势，是儿童成长、发育、不断成熟的过程。维果茨基认为学习活动应根据儿童当前的知识状态和问题解决水平向他们提出挑战，但同时又不能太难，要能够在成人的指导和帮助下解决问题。最近发展区接近并刚好超出学习者现有的水平，它是一个动态的区间，当学习者获得新的知识技能时，最近发展区也会随之推移。教学活动的重点是测验学生解决实际问题的能力，了解其不足之处，并且通过教师的辅助性指导，使学生最终能够顺利地完成学习任务。任务的设定既要符合学生的最近发展区，又要在一定的程度上超越学生的现有水平，要让学生知道通过自己的不懈努力可以达成目标，只有这样才能在最大的程度上激发学生的学习兴趣，提升学生的学习能力。他还认为教学和心理发展是社会性的，学习过程中要求有同伴或教师的指导，如"能干的他人"通过引导儿童超越"最近发展区"来促进其心智的发展，让儿童通过清晰表达内部思维和参与实践行动内化知识来促进认知的发展。"能干的他人"提供教学支持，这与认知学徒制理论所强调的脚手架是一致的，在教学中教师根据学生的需求和发展情况为他们及时提供帮助和撤去帮助，目的是让学习者从他所在的地方发展至他还未达到的地方。很显然，认知学徒制中的许多关键技术如示范、指导、搭建/拆除脚手架等是从最近发展区理论中汲取的营养，反过来，认知学徒制也帮助最近发展区最大化，Aziz 曾用图 3-4 表示最近发展区与认知学徒制之间的联系。

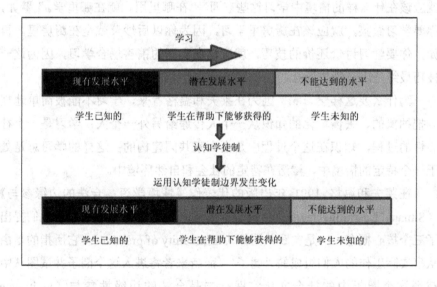

图 3-1 最近发展区的概念图解以及认知学徒制教学模式的意义

三、莱夫和温格的情境认知与学习理论

情境学习（Situated learning）是由美国加利福尼亚大学伯克利分校的让·莱夫（Jean Lave）教授和独立研究者爱丁纳·温格（Etienne Wenger）于 1990 年前后提出的一种学习方式。

情境学习理论认为，学习不仅仅是一个个体性的意义建构的心理过程，而更是一个社会性的、实践性的、以差异资源为中介的参与过程。知识的意义连同学习者自身的意识与角色都是在学习者和学习情境的互动、学习者与学习者之间的互动过程生成的，因此学习情境的创设就致力于将学习者的身份和角色意识、完整的生活经验、以及认知性任务重新回归到真实的、融合的状态，由此力图解决传统学校学习的去自我、去情境的顽疾。

正是基于对知识的社会性和情境性的主张，情境学习理论告诉我们：学习的本质就是对话，在学习的过程中所经历的就是广泛的社会协商。而"学习的快乐就是走向对话"。

简单说来，情境学习是指在要学习的知识、技能的应用情境中进行学习的方式。也就是说，你要学习的东西将实际应用在什么情境中，那么你就应该在什么样的情境中学习这些东西。"在哪里用，就在哪里学。"譬如，你要学习做菜，就应该在厨房里学习，因为你以后炒菜就是在厨房里。再如，你要学习讨价还价的技巧，就应该在实际的销售场合学习，因为这一技巧最终是用在销售场合的。

为什么要这样学习呢？因为在莱夫和温格看来，学习不能被简单地视为把抽象的、去情境化的知识从一个人传递给另外一个人；学习是一个社会性的过程，知识在这个过程中是由大家共同建构的；这样的学习总是处于一个特定的情境中，渗透在特定的社会和自然环境中。

在莱夫和温格 1991 年出版的代表作《情境学习：合法的边缘参与》（Situated Learning：legitimate peripheral participation）这本书中，他们提出了三个核心概念：一是实践共同体（community of practice），它所指的是由从事实际工作的人们组成的"圈子"，而新来者将进入这个圈子并试图从中获得这个圈子中的社会文化实践。二是合法的边缘性参与（legitimate peripheral participation），这一蹩脚的短语有三重意思：所谓合法，是指实践共同体中的各方都愿意接受新来的不够资格的人成为共同体中的一员；所谓边缘，是指学习者开始只能围绕重要的成员转，做一些外围的工作，然后随着技能的增长，才被允许做重要的工作，进入圈子的核心；所谓参与，是指在实际的工作参与中，在做中学习知识，因为知识是存在于实践共同体的实践中，而不是书本中。第三个核心概念是学徒制（apprenticeship），也就是采用师傅带徒弟的方法进行学习。

显然，情境学习强调两条学习原理：第一，在知识实际应用的真实情境中呈现知识，把学与用结合起来，让学习者像专家、"师傅"一样进行思考和实践；第二，通过社会性互动和协作来进行学习。

莱夫和温格最初关注的是成人学习者。他们提出的情境学习观点，也在成人教育中得到强烈的共鸣。但是他们也指出，情境学习"并不是一种教育形式，更谈不上是一种教学策略"（1991，P40），因而不太适用于学校教育。

但是在情境学习的理念提出之后，许多研究者还是特别重视"学与用相融合"的观点，并开发出了一些适用于学校教育情境的相应教育方式。这包括：在学校里设置作坊、厨房、温室、花园，把他们作为教室；在真实世界中进行角色扮演，如进行军事训练；开展实地考察旅行，如考古挖掘、在外国文化中进行参与性观察等；通过师傅带徒弟的方式让学生接受工作培训；在体育、音乐、艺术表演的实际情境中学习这些方面的知识和技能，等等。

情境学习的理论和实践探讨尚在发展之中。可以预见，在未来的几年中，情境学习与学校教育相结合的形式，还会不断被研究者和实践者开发出来。诸如英语、社会科学等学科的教学，采用情境学习的方式，将有广阔的天地。

四、帕森斯"结构功能主义"理论

4.1　"结构功能主义"的提出人类学家拉德克里夫布朗首次提出"结构功能主义"的概念，到了年，哈佛大学教授塔尔科特帕森斯对"结构功能"的涵义作了重新的界定，并在世纪年代得到广泛认可，取得统治地位，结构功能主义是对早期功能主义的继承和发展，摒弃了早期功能主义思想的缺陷，发展成既完整又综合的宏观社会学理论。主要代表人物是塔尔科特帕森斯和罗伯特金莫顿，这个主义曾经是美国社会学界的主流，引导社会学中对社会结构、分层和变迁等理论的分析和研究。结构功能主义的特点是它最大限度地融合了结构主义和功能主义两种思想，为分散的社会系统寻求统一的基点。结构主义和功能主义都有共同的社会整合的理念，有目的行动的深层存在意识是社会学的最终目的。在结构功能主义学派看来，"结构功能主义"最基本的研究对象是整体的社会系统，通过阐释社会系统各部分的功能——即存在的必要性，来找到一种结构化的方式，这种结构化的方式能够把社会各部分的要素协调统一起来。通常，社会系统是一个以有序方式相互联系的综合体，发挥着应有的效用，这种整体性的社会系统处于相对稳定和平衡的状态，一旦系统中任何部分因素发生变化都会影响整个社会系统，在系统之间和系统内部各要素之间的相互作用后，又会达到系统新的均衡状态。

4.2 帕森斯"结构功能主义"系统内部的相互关系

帕森斯认为，根据框架，社会行动体系组成了一个整体的系统，每个系统都可以相应地划分为四个子系统，功能需求的满足要通过如行为有机体、人格系统、社会系统和文化系统四个附属系统的相互配合才能实现。四种系统之间都有自己的维持和生存边界，共同形成控制论意义上的层次控制系统。其中，行为有机体系统类似于生物学原理的内容，该系统必须有能力从外部摄取资源并分配给各个部分，最终实现足够的生存资源；人格系统具有目标获取功能，掌控着人们既定的需求、要求和选择。社会系统具有整合功能，使互动中的个人或集体处于相互关系之中，把各部分协调成一个稳定的整体；文化系统的过程须按规范连续地进行，由个人或集体的价值观、信仰及其观念表现出来，具有符号性质。任何社会行动系统的基本制度化结构都是在满足一定功能的基础上，才能维持自身有效性的存在，社会系统存在四种主要功能：适应、（目标达成）、整合（潜在模式维系）可以说，是任何社会系统或社会组织发展演变的必要条件。

表1 AGIL 的功能解释及组织形式分析

四种功能	功能解释	组织形式	实体
适应	从特定的外部环境中获取系统所需的货源，并在系统中优化配置，实现对环境的最终适应	经济系统	企业
目标达成	系统内的目标趋向，确立各种目标的主次关系，并调动和引导社会成员去实现目标	政治系统	政府

续表

四种功能	功能解释	组织形式	实体
整合	一是体系内各系统达到均衡状态 二是系统内已有成份得以维持以对抗外来压力	社会共同系统	行业协会
潜在模式维系	当正常的社会系统暂停或中断，原有的运行模式必须由特定机构或机制来维系系统模式的运行，保持	文化意义上的模式托管系统	文化、价值、观念

　　帕森斯分析重点不在各个行动单位，而在于分析行动者与系统所发生某种相互的关系。任何单位行动都是在特定系统的引导和制约下进行，在帕森斯看来，在系统之间和系统的各子系统之间，存在"输入—输出"的关系，形成社会系统的交换过程，这些"输入—输出"关系因文化系统中的符号而具有信息沟通的特点，等级系统按所在等级层次同其他子系统进行信息和能量的互换，形成控制和制约的关系。直接进行的"输入—输出"交换是最简单的一种形式，但在复杂的系统里，需要诸如钱、权、影响、义务等介质作为交换媒介，并且这些媒介在集体和个人的互动中被充分利用。社会系统间各部分存在相互依存和交换的关系使社会系统逐渐趋于均衡状态，当四种功能都达到满足时，系统才能达到前所未有的稳定；一旦有偏离常态的现象出现时，系统可以通过自身的自动调节机制使其恢复到新的稳定状态。因此，社会整合度大小不局限于去满足社会附属系统的功能需要，关键是要使这些西南大学硕士学位论文第一章高职院校"现代学徒制"外部环境保障的理论依据子系统间实现对流式的互换或互补，达到均衡的态势，实现功能分化、对应和交换的作用。（如图2）

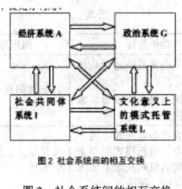

图2 社会系统间的相互交换

表2 人类学家和教育心理学家对情境认知这一学习理念的探究

	人类学	教育心理学
知识论	多元论	二元论
构成要素	社会实践	故事
	社会生活	反思
	学习课程（生成性课程）	合作
	合法的边缘性参与	辅导
	实践共同体	多种实践
	远程学徒	清晰表达学习技能
		技术
知识的本质观	知识是基于社会情境的一种活动	知识是抽象具体的表征
	知识是动态的建构和组织	知识是事实与规则
	知识是人类协调一系列行为，适应动态变化发展环境的一种能力	知识是具体的事情

由表得知，认知学徒制理论在反思、清晰表达、实践共同体、合法的边缘性参与、社会实践、辅导、对知识的本质观等方面都有向情境认知和学习理论借鉴的元素的痕迹。出于对学习者的观察能力、动手实践能力的强调，对于学习的社会性的认知，以及对于实践共同体的重视，我认为，情境认知和学习理论是认知学徒制教学理论的基石。

五、明茨伯格管理理论

1．明茨伯格管理理论内容：

1939 年出生于加拿大的明茨伯格，是当今世界最杰出的管理思想家。自上个世纪 70 年代以来，先后创立了在管理界影响深远的管理角色理论、战略过程理论和实践管理教育范式理论。他在管理领域研究成果颇丰，其中最具影响力的包括《管理工作的本质》（1973）、《战略过程》（1991）、《战略规划兴亡录》（1994）、《战略历险》（1998）等。明茨伯格的管理角色理论观点主要反映在《管理工作的本质》中，他提出了管理者的 10 种角色（人际关系方面的角色，包括名义首脑的角色、联络者的角色和领导者的角色；信息方面的角色，包括监听者的角色、传播者的角色和发言人的角色；决策方面的角色，包括创业者的角色、危机处理者的角色、资源分配者的角色和谈判者的角色）。他认为这十种角色是一个相互联系、密不可分的整体。人际关系方面的角色产生于管理者在组织中的正式权威和地位；这又产生出信息方面的三个角色，使他成为某种特别的组织内部信息的重要神经中枢；而获得信息的独特地位又使管理者在组织作出重大决策（战略性决策）中处于中心地位，使其得以担任决策方面的四个角色。这 10 种角色表明，管理者从组织的角色来看是一位全面负责的人，但事实上却要担任一系列的专业化工作，因此，他既是通才又是专家。明茨伯格的战略过程理论思想主要观点有：

（1）明茨伯格认为制定战略的目的是明确方向，铺设行动路线，激励员工按照既定的共同方针进行合作。但他并不认同战略是某种形式的计划，是未来行动明确指南的一般提法。

（2）他认为战略可以被制定，战略也可以自己形成。即战略不仅能通过深思熟虑，先制定后执行，再不断修正来完成，也可以通过对演进的形势作出回应而自然生成。

（3）战略不应过分依赖计划。因为，实际上很多时候问题并不是出在执行上，而是源自战略本身。好的战略不应过分依赖计划，人不可能总是聪明到可以提前把所有事情想清楚，那么事先制定的战略就可能有缺失，为了弥补和及时修正这些错误，战略本身就应当能够借助组织的行为与经验而逐步自我发展。同时，也应确保掌握了战略性信息的人，无论职位如何，都能将信息及时传达给战略制定者。

（4）战略会以最出人意料的方法实现。制定战略没有最好的方法，有效的战略可能会以最出人意料的方法来实现。就好像制作陶艺品一样，陶艺人在制作过程中根据模型呈现的形状和工作环境调整工艺形式，往往一个模型的失败，激发了创造力，导致了另一个模型产生的机会。

（5）战略的形成有时也会是这样。最初制定的战略随着实际执行的进展，可能跟最后战略实现的方法大相径庭。这其中，各种自然的经验，甚至包括厌倦情绪，也会激发新的设想，从而对原定战略进行调整。

（6）对于战略的推进，明茨伯格提出，要注意战略制定过程中存在的一个矛盾，那就是必须在稳定力量和变革力量之间进行调和。一方面专注投入，一方面又要随着不断变化的外部环境进行调整和适应。环境总是在不断地发生变化，既不会定期发生，也没有规律可循。战略手艺化最大的挑战是，察觉到未来可能会给企业带来伤害的那些细微的非常连续的变化。

2. 明茨伯格的管理角色理论对我国高校教学管理工作的启示

教学管理负责人在教学管理工作中必须承担多种角色，其中有些角色虽然是组织授予他的正式权威和地位（如人际关系方面的三种角色），但要想很好地扮演他们，却还需要教学管理负责人个人的积极努力。如组织赋予他能够有很多与外界接触的机会，他能否善于去建立一个比较广泛的与外界联系的信息网，这直接影响他管理工作的质量。因为有效信息网的建立可以帮助他处理好各种关系，进行有效决策，采取主动行动。因此，教学管理负责人的有效工作要求他必须实现其联络者的角色。领导者角色的主要职责在于选聘和培训员工，此外，他还必须能够鼓舞和激励下属员工，使其个人需要与组织目标保持一致。教学管理负责人要很好实现这一角色，就必须在日常繁忙的事务中，抽出一部分时间（资源分配者）与下属员工交流，了解其真实需要，创造条件满足其内在的高层次需要（他必须扮演监听者的角色）。信息方面的三个角色（监听者的角色、传播者的角色和发言人的角色），使管理者可能成为某种特别的组织内部信息的重要神经中枢。教学管理负责人要成为实际上的，而非名义上的"组织内部信息的重要神经中枢"就必须建立"监听和传播"信息的最广泛、最有效的途径。

教学管理负责人要实现其创业者角色，他就必须力争改善自己所在的组织，使之适应外界不断变化的条件。在实施监控时，他要时刻留意新点子、好点子，并在合适的时机实施新点子、好点子，进而放弃过时的措施和方法。作为资源分配者，他还要善于分配自己的时间，同时他还要负责设计组织结构，它将决定工作如何分配，如何保持协调。

3．明茨伯格的战略过程理论对我国高校教学管理工作的启示

教学管理负责人要想使自己所在的组织的教学工作更好发展，他必须"塑造本组织教学发展战略"而对战略形成的合理理念是：

（1）战略不仅可以事先规划，也可以逐渐形成。

（2）制定战略没有什么"最佳方式"，有效的战略可能会出现在最奇怪的地方，通过最出人意料的方式建立起来。

只要人们掌握了学习能力，以及与学习能力相配合的资源，总能发现合适的战略。当这些战略转为集体性质，当它们发展到有能力影响组织行为的时候，便成了组织战略。教学工作发展战略的制定要注重教学工作的实践。制定战略不能是教学管理负责人在会议室里几次会议所能决定的，更不是某一学者专家的长篇大论。战略的制定首先应该根据本院校教学发展自身的需要，追求更高的共同目标。院校内部的一线教师，可能是最掌握战略信息的人。只有允许战略的执行者同时又是战略的制定者的角色，组织才会更有效率。所以制定战略应该有一个发动全体员工参与的过程，鼓励大家学习和研究工作中的问题，发现问题，找出关键因素，并提出目标进行实践，从而形成真正符合教学工作发展需要的战略。注意战略的管理和控制。战略不是一成不变的，教学管理负责人要不断察觉内外部的各种细微变化，能够察觉可能在未来对组织造成破坏的微妙断层，在战略的管理和控制过程中既要保持已制定战略的稳定性，又要能够根据环境的变化进行适当适时修正和调整。在工作中要注重学习保持独立思考能力。教学管理负责人必须通过亲身实践，对资料作出响应，学习有关的知识。在工作的很多时候，都应该保持一份冷静，要具备独立思考能力。不能一味地迷信专家，崇拜权威，任何专家、权威的理论都是基于个人的经验和判断，要善于学习，去伪存真，将学习和个人的工作实际相结合，保持独立的思考能力，从而创造性地开展工作。

第三节　学徒制育人模式教学管理内涵与特征

一、核心概念界定

1．学徒制

（1）学徒

不同的研究资料对"学徒"的概念界定有所不同，但都包含了"学徒"的某些特点或要素。在《韦氏第三版新国际英语词典》中，"学徒"表示：

（1）受契约或法律合约限制，为某人服务一定时间同时在师傅的管理下按当时或以前的教学方式学习某项技艺或行业的人；

（2）在高技能员工的指导下，通过实际经验，学习某个行业、技艺或职业的人，通常有预定的时间周期，并获得预定的工资。"

① 《朗文当代英语辞典（第5版）》将"学徒"定义为："在某一固定时期内为雇主工作以获得某一特定技能或工作的人。"

② 在《技术职业教育辞典》中，"学徒"的含义是："青年在家长或监护人之监护下与雇主成立协议，在协议之条件下，由雇主供给青年学习一种技术行业或其他职业之机会，此等青年称为学徒。"

③ 《现代汉语大词典》将"学徒"解释为："在商店里学做买卖或在作坊、工厂里随师学技术的青少年。"

④ 《教育大百科全书》里"学徒"的定义是："为了学到某个行业或商务的技能而签订契约，在一定阶段服务于一个雇主的人。"

⑤ 在《教育大辞典》中，"学徒"亦称"学徒工"、"艺徒"或"徒弟"，指"企业中在师傅指导下学习技术或其他手艺的青少年。"

⑥ 从这些理解中我们可以看出，"学徒"具有以下一些特点：

（1）特定的身份：与雇主签订双方协议，在某一工作场所（企业、工厂、作坊等）学习和工作的人员，主要以青少年为主。

（2）明确的目的：以习得某种技艺技能或获得某种工作为目的。

（3）情境化的学习方式：在指定的工作岗位上，通过观察、模仿师傅或其他熟练工人的实际操作，聆听相关的工作原理、操作方法与注意事项等,并通过自我理解、尝试、总结与提高来获得技术或提高技能。

(4)实利性的待遇:根据与雇主所签订的双方协议,在一定的周期内,以学徒所创造的劳动价值为基准,雇主会支付学徒相应的工资报酬。在这里,我们需要注意"学徒"与"学生"概念的异同。概括来讲,二者都是参与学习的主体,是知识或技能的受体。但二者具有本质上的差别(见表3):

表3 学生与学徒的差异比较

	学习场所	学习内容	学习方式	成本与收益
学生	在各级各类学校或培训机构里接受班级化的学习	系统化、理论化的基础知识	通过在课堂教学中将教师讲解与自我识记、巩固练习相结合,以标准化考试检测知识的掌握程度	在学校或培训机构里接受学习,需要缴纳学费,成绩和表现突出者可能获得一定的奖金或实物作为鼓励
学徒	在某一工作场域里接受情境化的学习	过程化、实操性专门技能	通过在工作岗位中将师傅操作与自我体验、试误学习相结合,以过程化考核评价技能的习得水平	在工作场所里接受学习,一般不需要缴纳学徒费用,根据协议规定或工作表现会获得相应的工资作为报酬

根据上述有关"学徒"的特点和属性以及与"学生"概念的差异,本研究中将"学徒"定义为:在一定的工作场域,通过与雇主签订双方协议,在师傅的指导和管理下,以习得某一工作岗位所需的技术技能为目的,并获得相应劳动报酬的青少年学习工作者。

(2)学徒制

《韦氏第三版新国际英语词典》里的"学徒制"含义是:"新手的服务或身份,新手服务的时间。"

人类社会的早期,为了解决物质生活资料的生产问题,长辈向晚辈通过口耳相传的方式传授简单的生产劳动经验、技术技能以及社会行为规范等,这可以称作学徒制的最初形态。随着社会的发展,手工业从农业中分离出来,手工艺者为了传承技艺,诞生了以血亲关系为基础的学徒制。这一时期的学徒制没有明确的学习时间、规范的教授方法等,还不能称其为一种真正的"制度"。制度化的学徒制起源于中世纪后期,此时学徒制被纳入了行会的管理范围。行会设置了明确的实施规范,给予了严格的监督管理，使学徒制从私人性质过渡到了公共性质。随着工业革命的兴起，机器大生产代替了传统的手工制造，此时学徒制已无法适应社会对技术工人的大规模需要，传授现代技术原理和职业技能的学校职业教育应运而生。但学校职业教育与工作世界的脱离以及职业教育课程"学问化"等一些根本问题影响了人才培养质量，受到产业界和教育界的质疑。战后德国经济的迅速腾飞引起了世界的关注和对学徒制的重新思考，因为被认为致胜法宝的双元制职业教育体系正是一种将学校本位教育与工作本位培训紧密结合的新的学徒制形态。在此背景下，各国纷纷研究或效仿德国的"双元制"来发展本国的职业教育，如英国于1993年推行现代学徒制，澳大利亚于1996年推行新学徒制。自此，学徒制获得了全新的发展。

① 《西方教育词典》规定："学徒制"是"一定期限的契约安排。根据此契约，雇主雇佣青年人，安排他接受某一特定行业或手艺的系统训练，通常在一名公认能手（如一名有经验的手艺人或行家）的指导下一起工作。"

② 《新哥伦比亚百科全书（第4版）》规定，"学徒制"是"学习一项技艺或行业的制度，学员被约定，并为其学习付出一定年限的劳动。"

③ 《技术职业教育辞典》认为，"学徒制"指的是："工厂制未发展之前之旧式学徒教育。曾盛行于世界各国，其特色多包括三种：

（1）学徒制受师傅管教；

（2）师傅负责传授技能并介绍就业；

（3）师傅供给膳宿。"

① 《中国工人阶级大百科》的规定是："学徒制是中国近代主要用工制之一。是一种从封建社会手工业、作坊工业中沿袭下来的雇佣制度。"

② 《现代劳动关系辞典》给出的解释为："学徒制"是"用以师带徒的方式培训从事专门职业劳动者（主要是技术工人）的培训制度，它是一种传统的技术培训制度。"

③ 《教育大辞典》中，"学徒制"表示："（1）中国古代官府手工业作坊培养工匠的制度。（2）西方各国的职业训练制度。"

④ 瑞士苏黎世大学 Philipp Gonon 教授认为，"学徒制是一种在特定的学习场域中，以教育青少年使其能够适应工作和社会为目的的学习模式，同时它也是一种合法的组织设定形式。学徒制在历史上曾是一种非正式的

教学安排，它能使青少年在特定的职业共同体内获得高度认可。现如今，学徒制已成为职业教育的一种（但绝不是唯一的）能合理适应和满足经济产业发展需要的类型。"

⑤ 由上可得，"学徒制"的内涵包括：

（1）作为制度的学徒制；

（2）作为教育方式的以师傅为主体的学徒制；

（3）作为学习模式的以学徒为主体的学徒制；

（4）作为服务、身份、时间、契约安排等具体形式的学徒制。学徒制被认为是职业教育的最初形态。

⑥ 在我国春秋时期已具雏形，主要形式

是父子相传。战国时期的秦国，师傅已经可以在作坊中择徒授艺。

⑦ 而在欧洲，学徒制起源于古希腊。在柏拉图（Plato）等人的著作中，可以看到有关当时学徒制活动的记载。

⑧ 而与手工业生产方式相适应的学徒制始于中世纪，一般由雇主与学徒订立契约，按协议进行职业训练。在规定期限里，雇主以师傅身份向学徒传授技艺。

⑨ 因生产力的发展程度不同，社会经济发展的需求各异，学徒制在中外不同历史时期具有不同的特点，表现为不同的形式或类型。

表4 学徒制的主要类型

分类依据	名称	含义
形式	正式学徒制	正式学徒制建立在国家或地区的法律法规和培训政策基础之上，如隋唐时期从中央到地方各层政府机构的官营手工业作坊中所开展的学徒制。
	非正式学徒制	非正式学徒制多存在于农村与城市的非正规经济中，师徒双方根据社会习俗与规范签订协议，建立契约。
性质	私人学徒制	在学徒制产生初期到手工工厂生产时期，学徒制主要表现为以血缘关系为基础的父子相传和以契约关系为基础的师徒相继，具有私有性。
	公共学徒制	随着生产力的发展和生产方式的转变，大工业时期的学徒逐渐受到行会和国家的管理与控制，学徒制的公共性质日益凸显。

分类依据	名称	含义
时代	传统学徒制	"传统"是相对于"现代"而言,没有现代也就无所谓传统。传统学徒制包括了从产生到被学校职业教育取代这漫长历史时期里的学徒制的所有内容和形式。
	现代学徒制	是指 1993 年英国政府实施"现代学徒制"计划以来,世界各国开展的将学校理论知识和企业实践经验相结合的学徒制形态。

根据不同的依据和标准,可以将学徒制进行不同形式和种类的划分(见表 2)。但很多形式的学徒制只是由于其内容、对象、主体的强调程度不同而造成了名称上的差异。比如:艺徒制通常用于指代我国或西方的古代学徒制,也有学者将其用于我国传统的民族工艺的学徒培训的专属称谓。行会学徒制用于指代欧洲中世纪受手工业行会管理和控制的学徒制。合同学徒制、契约学徒制则强调学徒与雇主所签订的合同或协议所建立的法律与契约效力。注册学徒制指的是经过注册的学徒按照既定的培训标准,在合格讲师和熟练工人的指导监督下学习理论知识和生产技能,同时参加生产劳动,达到规定要求而获得"熟练工种"资格认证、相应岗位就业机会以及进入更高层次学校继续学习的资格。

① 美国在 1937 年颁布了《国家学徒制法》。

② 率先开展注册学徒制,其推行注册学徒制的时间长,范围广,具有一定的代表性和典型性。而认知学徒制是指由美国认知心理学家柯林斯(Collins A)、布朗(Brown J S)以及霍勒姆(Holum A)在 1989 年提出的一种教学模式或学习环境,是将传统学徒制方法中的核心技术与学校教育相结合,以培养学生的认知技能,即专家实践所需的思维、问题求解和处理复杂任务的能力。

在本书中,学徒制指的是以师傅带徒弟为主要形式,以某行业领域或具体工作岗位的知识与技能为学习内容,学徒可按规定或工作情况获得相应劳动报酬的职业教育形态。

2. 现代学徒制

现代学徒制是较传统学徒制而言的。学徒制起源于奴隶社会,在封建社会逐步发展和壮大,对技术的进步和文化的传承起到了不可替代的作用。

但由于产业革命的兴起，机器大工业取代了传统的手工业生产，学徒制不能满足精细化、流线型生产过程的要求，以及不能克服学徒与雇主（师傅）之间固有的矛盾等原因而萎缩和衰落，以至于大部分被学校形式的的职业教育所取代。英国女王就曾在1814年签署了"废除学徒令"。

① 结束了传统意义上的学徒制。现代学徒制的"现代"虽然具有历史性和时代性，但与历史学上的时代划分有所不同。在史学界，一般认为，世界现代史是从1917年俄国十月革命胜利开始的。中国现代史的划分则存在争议。有的学者将一九一九年"五四运动"到一九四九年新中国成立之前的历史称作中国现代史。

② 而根据中国史学会会长张海鹏教授的观点，将1949年中华人民共和国的成立作为中国近代史和中国现代史的分界线。

③ 从时间概念上而言，现代学徒制可以追溯到20世纪六七十年代。之所以将时间界限定在20世纪六七十年代，是由于在实践和研究层面上，一些学者把德国双元制作为"现代学徒制"的典型，或称类似的学徒制改革为"将学徒制现代化（modernizing the apprenticeship）"。现代学徒制的产生也以1969年德国双元制的确立（《职业教育法》的颁布）为标志。国内对"现代学徒制"的关注，多源于英国1993年的"现代学徒制计划"。它是国际上首个以"现代学徒制"命名的国家职业教育改革计划。

④ 但现代学徒制的"现代"却并非一个纯粹的时间概念，单纯以时间年限来界定现代学徒制是错误的。因为在当前某些商店、餐馆、工厂等地方依然存在着传统意义上的传承技艺的学徒制。某些内容和形式的现代学徒制也并没有以"现代"命名，比如：1998年澳大利亚把之前的传统学徒制和国家培训生制融合在一起，统称为澳大利亚"新学徒制"，也被称为"学徒培训和受训生培训"。

⑤ 英国政府在2004年再次启动新学徒制项目，取消了"现代"二字的前缀，建立了结构较为完整、层次分明的学徒制体系。

⑥ 概括性的讲，现代学徒制是由传统学徒制发展而来的，是企业学徒培训与现代学校教育的有机结合。于是，有些学者认为，现代学徒制是一种新型的校企合作模式，将"现代学徒制"和"校企合作"两个概念同质化。为了更好地界定现代学徒制的内涵与外延，我们首先将现代学徒制与

传统学徒制（见表 5）以及我国现在普遍开展的"校企合作"（见表 6）进行比较分析。

表5　现代学徒制与传统学徒制的比较

	现代学徒制	传统学徒制
经济社会背景	知识经济与信息社会	小农自给经济与农业社会
生产组织形式	产品导向	家庭作坊或手工作坊
技能传播范围	职业共同体	（近）家庭与氏族成员
身份	学生、学徒，教师、师傅	学徒与师傅
师徒关系	平等合作关系	亲密且等级分明
学习目标	高技能、高素质人才	熟练工人
学习内容	操作理论与实践	操作实践
知识类型	隐性知识为主，显性知识为辅	以隐性知识为主
学习方式	工学交替：将企业实训和课堂	学习有机结合工作：徒弟在师傅指导下亲身实践
学习场所	职业院校、生产一线	生产一线
学习时间	相对固定	相对自由
教育机构是否参与	是	否
评价标准与考核方式	教师、师傅、教育部门结合国家职业资格认证	师傅、行会检验学徒掌握技能的熟练程度

　　根据表 3 可知，现代学徒制虽然是以传统学徒制为基础发展而来的，但在经济社会背景、生产组织形式等方面具有本质区别，现代学徒制将学校和企业的有机结合，在学习方式、知识类型、评价标准等多方面也呈现出较大的差异，

　　① 传统学徒制师徒关系中的"长幼尊卑"等伦理道德元素

　　② 也不复存在。德国"双元制"是现代学徒制的典型代表，较之于其他现代学徒制类型而言，其最大特点就是：在与普通教育具有同等地位的职业教育中，"双元制"教育是整个职业教育体系的主体，

　　③ 企业本位是"双元制"的核心，核心职业能力培养是重点，

　　④ 政府对其重视程度更高、投入更大，社会认可和支持力度更强。

表6　现代学徒制与我国校企合作的比较

	现代学徒制	校企合作	
培养对象的合法身份与权益维护方式培养主体发挥的作用	合法身份是企业的（准）员工，主要通过法律法规对其合法权益进行维护企业发挥主要作用，"不能被其他各种形式的真实企业之外的实训所取代"	合法身份是"学生"，合法权益主要是以政策的方式进行规范学校处于"主角"的位置，企业处于"配角"的位置，是一种以学校为主的合作模式	
培养对象与培养主体之间的关系	学徒/学生和企业的关系	"雇佣"与"培训"关系	实习"关系
	学徒/学生和学校的关系	相同点："教育"与"学习"的关系	
		重视企业与学徒的"雇佣"与"培训"关系	重视学校与学生的"教育"与"学习"关系
对工作现场学习的重视程度	工作现场是学徒学习的主要场所	工作现场学习是形式化的存在（基本做法："中职在校生最后一年要到企业顶岗实习，高职生实习实训时间不少于半年"）	
对能力目标的重视与实现程度	非常重视学徒的能力目标，实现程度较高	也很重视，但几乎"无计可施"	
对行业与产业部门的重视程度	非常重视	作用非常小，重视程度很低	

根据表 4 可知，现代学徒制与我国的校企合作在诸多层面上存在着差异，现代学徒制强调企业在技能人才培养中的"主体地位"，重视知识在工作场景中的应用；而我国的校企合作则强调学校在人才培养中的"主导地位"，注重知识与技能的传授。

①　因此，现代学徒制与我国的校企合作是两个不同的概念。而有关现代学徒制的概念与内涵，不同的专家、学者以及中高职院校现代学徒制的实践者所持观点有所差别。德国不来梅大学技术与教育研究所所长、国际学徒制创新研究网络（INAP）主席费利克斯·劳耐尔（Felix Rauner）教授认为，现代学徒制是一种有关职业教育与培训的现代整体概念，同时具有受培训者、职校生、企业雇员三重身份的青年人在实践性团体中学习，在从学校到工作的过渡过程中，完成从新手到专家的转变，促进个体职业能力的发展。

②　瑞士苏黎世大学职业教育专家菲利普·高农（Philipp Gonon）教授

认为，现代学徒制既是一种在特定学习地点进行的现代学习途径，也是一种合法的组织方式，主要目的在于帮助年轻人适应未来工作与社会的要求。根据国际劳工组织的相关界定，现代学徒制指向此类教育体系：某一行业的雇佣者依据合约，在议定时间内雇佣年轻人并向其提供系统的培训；学徒在此期间于雇主处工作。

③ 北京师范大学职成所所长赵志群教授认为，现代学徒制是"学校与企业相结合，以企业为主；理论与实践相结合，以实践为主"的双元制职业教育制度。

④ 上海市教科院杨黎明教授认为，"现代学徒制"以校企合作为基础，以学生（学徒）的培养为核心，以课程为纽带，以学校、企业的深度参与和教师、师傅的深入指导为支撑，既不同于传统的学徒制，也不同于单纯的学校职业教育。

① 上海师范大学教育学院关晶博士认为，现代学徒制是以学校本位教育与工作本位培训的紧密结合为典型特征的新型学徒制度。

② 河北省教育考试院院长翟海魂认为，现代学徒制是以工学结合，专业教学与现场实践紧密结合国家有关职业资格证书制度标准为基本特征，以推进工学结合，形成学校和企业两个施教主体为核心的职业教育形式。

③ 湖南大学教育科学研究院陈俊兰博士认为，现代学徒制是建立在信息社会、知识经济与"产品导向"生产组织形式基础之上，伴随着创新、自我实现和终身学习等教育理念，在全球竞争加剧、产品创新周期大幅度缩短的情况下，将生产现场的学徒培训与现代学校教育思想相结合的一种合作职业教育制度。

④ 长春职业技术学院赵有生教授认为，现代学徒制是将传统学徒培训与现代学校教育相结合的学校教育制度，是以学校本位教育与工作本位培训的紧密结合为典型特征的新型学徒制度，是通过学校与企业的深度合作、教师与师傅的联合传授，对学生以技能培养为主的现代人才培养模式。

⑤ 广东省清远职业技术学院赵鹏飞教授认为，现代学徒制是将传统的学徒培训与现代学校教育思想结合的一种企业与学校合作的职业教育制度，是一种新型的职业人才培养实现形式，校企合作是前提，工学结合是核心。

⑥ 湖北职业教育发展研究院院长李梦卿教授认为，现代学徒制是通过学校、企业的有效合作，学生在校学习期间由教师传授专业知识和基本的技能及要领，在企业里由师傅传授操作规范和对应的岗位操作技能，并通过岗位实践加强技能操作的熟练程度，促使学生/学徒掌握相关行业/职业的基本知识和技能的人才培养模式。

⑦ 其他相关研究者如鲁婉玉认为，现代学徒制是基于培养具有必要理论知识和较强实践技能的高素质、技能型专门人才的培养目标，高职院校与用人单位在政府的引导下通力合作，在实践教学环节中主要采用"师父带徒弟"的培训形式来培养人才的过程。

⑧ 吴艳红认为，现代学徒制是指二战以后出现的，以校企合作为基础的，适应当代经济社会要求的，学校理论知识和企业实践经验相结合的，以提高劳动者素质为目的的学徒制形态。

尽管这些有关现代学徒制的概念界定各有差别，但实质上大同小异，具有趋同性。通过分析可知，现代学徒制将自然形态的学徒制与学校形态的职业教育相结合，它既是一种教育形式，又是一种教育制度。但在现代学徒制的"主体性"、"适用性"上不少学者存在分歧。在"主体性"上，主要存在着 5 种观点：

（1）以政府为主体；

（2）以学校为主体；

（3）以企业为主体；

（4）学校与企业作为双主体；

（5）由政府、学校、行业、企业等利益相关者组成多元主体。在"适用性"上，主要有两种观点：① 现代学徒制体现了高等职业教育的"高等性"特点，其适用于高职院校；

② 现代学徒制适用于包括中高职院校在内的学校职业教育。为了更加明确本研究的范围，结合我国职业教育发展和现代学徒制试点的具体实际情况，本研究暂且将"现代学徒制"定义为：在政府的引导下，通过法定程序将自然形态的学徒培训与学校形态的职业教育相结合，通过学校与企业的深度合作、工作与学习的有机结合，充分发挥政校行企等利益相关方的作用，以更好地培养适应经济社会发展需要的高素质技能型人才的现代

职业教育制度。

所谓现代学徒制，是西方有关国家实施的将传统学徒培训方式与现代学校教育相结合的一种"学校与企业合作式的职业教育制度"，是对传统学徒制的发展。与"传统学徒制"相比，现代学徒制具备学校和企业育人"双主体"，学徒兼具学生和徒弟两种身份。在培养目标上，由单纯培养熟练的技术工人发展到培养理论联系实际的技术技能型人才。在培养方式上，强调工学结合，学生不仅在学校掌握理论知识，还在生产一线实际应用理论知识。在学习时间上，师傅与徒弟可约定学习时间，可通过现代网络通信技术等进行学习和交流。在考核方式上，实行多主体考核，企业师傅、学校老师、教育部门等成为考核主体。校企合作是现代学徒制实施的基础。校企合作的根本出发点和目标就是通过学校、企业之间的合作提高学生素质，为企业培养高质量的人才。学校和企业既是现代学徒制的实施部门，也是考核和监督部门，二者的合作程度越高人才培养的质量越好。教师和师傅是现代学徒制实施的重要支撑力量，也是直接对学生进行教育和引导并对其知识、技能、道德产生影响力的重要力量。课程是现代学徒制实施的重要抓手，是联系教师和师傅的纽带，起到引领人才培养方向的重大作用。

3. 人才培养模式

① 模式我国《现代汉语词典》给出的解释为：模式是"某种事物的标准形式或使人可以照着做的标准样式"。

② 在《辞海》中，"模式"也被译作"范型"，一般指可以作为范本、模本、变本的式样。

③ 这两种解释仅从静态层面揭示了模式的典型性与可模仿性，与我们目前所使用的模式概念有一定差异。《国际教育百科全书》中对"模式"的描述为："对任何一个事物的探究都有一个过程，在鉴别出影响特定结果的变量，或提出与特定问题有关的定义、解释和预示的假设之后，当变量或假设之间的一内在联系得到系统的阐述时，就需要把变量或假设之间的内在联系合并成为一个假定的模式"。"模式可以被建立和被检验，并且如果需要的话，还可以根据探究进行重建。他们与理论有关，可以从理论中派生，但从概念上来说，它们又不同于理论。"

④ 英国的丹尼斯·麦奎尔和瑞典的斯文·温德尔从传播学的角度将"模

式"看做是"用图像形式对某一事项或实体进行的一种有意简化的描述。一个模式试图表明任何结构或过程的主要组成部分以及这些部分之间的相互关系。"

⑤ 美国的比较政治学者比尔和哈德雷夫认为：模式是再现现实的一种理论性的简化形式。这几种理解揭示了模式的简约性以及现实过程或结构的再现性。它表明：第一，"模式"是现实的再现，是对现实的抽象概括，来源于现实；第二，模式是理论性的，它使用观念的方法、理论的方法，是一种理论的表达，代表着一种理论内容；第三，模式是简化的形式，它是对对象本质特征的提取，舍弃了对象的若干非本质的要素。

基于此，有学者从模式论的角度，对模式的概念给出如下理解：

① 模式是一种科学思维与操作的方法。它是为解决特定的问题，在一定抽象、简化的假设条件下，再现原形客体的某种本质特性。

② 模式是经验与科学之间、现实与理论之间转换的"中介"。一方面，它把经验加以升华，对现实作简略的描述式再现，使之成为理论思维的半成品；另一方面，根据一定理论提出假设并赋予条件和操作程序使其现实化（即指导实践）。

③ 从实践出发，经概括、归纳与综合，可以提出各种模式，模式一经被证实，即可能形成理论；也可以从理论出发，经类比、演绎、分析，提出各种模式，从而促进实践发展。所以，模式既是客观实物的相似模拟（实物模式），也是真实世界的抽象描写（数学模式），同时还是思想观念的形象显示（图像模式和语义模式）。

（2）人才培养模式

我国学界提出并讨论"人才培养模式"这一概念是从 20 世纪 80 年代开始的，最早见于 1983 年文育林的文章《改革人才培养模式，按学科设置专业》，其内容是关于如何改革高等工程教育的人才培养模式。1993 年刘明浚在《大学教育环境论要》一书中首次对"人才培养模式"这一概念作出明确界定：人才培养模式是指"在一定办学条件下，为实现一定的教育目标而选择或构思的教育教学样式"。1998 年在教育部召开的第一次全国普通高校教学工作会议上，时任教育部副部长的周远清同志对这一概念作出过阐述，他认为所谓的人才培养模式，实际上就是人才的培养目标和培养规格以及实现这些培养目标的方法或手段。在 1999 年 11 月召开的第一次全国高职高专教学工作会议上，时任教育部高教司长的钟秉林教授认为："人才培养模式是学校为学生构建的知识、能力和素质结构，以及实现这种结构的方式。"随着实践的向前推进和研究的不断深入，目前研究者关于"人才培养模式"的概念界定主要有三种代表性的观点：

① "目标方式说"：人才培养模式是人才的培养目标、培养规格和基本培养方式。持有这一观点的学者认为，教育在一定程度上可以归纳为"培养什么样的人"和"怎样培养人"两个方面的问题。

② "结构方式说"：人才培养模式是学校为学生构建的知识、能力、素质结构，以及实现这些结构的方式。此观点从人才结构论和方式论的角度出发，强调人才的结构及其构建方式。

③ "总和说"：人才培养模式是在一定的教育理念、教育思想指导下，根据特定的培养目标和规格，以相对稳定的教学内容和课程体系为依托，不同类型专业人才的教育和教学模式、管理制度、评估方式及其实施过程的总和。此观点认为人才培养模式的根本属性表现在它是一种过程范畴，是关于人才培养过程质态的一种总体性表述。日本学者昌山芳雄认为，人才培养是促其发生变化——改变习惯、态度，增强能力。作为一项系统工程，人才培养涉及理念、主体、客体、目标、途径、模式（过程）与制度七大要素。人才培养模式是"人才培养"系统中最重要的要素系统。而在实际的研究和实践领域，很多人将教育领域（尤其是职业教育领域）的诸多实践和表现都冠以"人才培养模式"之名，忽视了"人才培养模式"与"办学模式"、"教学模式"等概念之间的差异，导致了"人才培养模式"在使用上的泛化。办学模式是指包括本学主体（政府、行业企业、民间机构）、投入机制（政府财政投入、企业行业投入、民间资金）、招生对象（生源类型）、办学形式（政府举办、合作）、调控方式（政府、政府加市场、市场）等要素在内的举办、管理或经营学校的体制和机制的样式或范式，属于宏观的国家制度层面和学校的实施层面。教学模式在狭义上仅指教学方式，即通过组织课堂和实践教学活动将知识传授给学生并使学生的专业技能得到锻炼的方式；在广义上，除了教学方式之外，还包括专业设置、课程设置及教材选用等内容，它包括教师、学生、教材、媒体四个要素。

教学模式属于微观的课堂层面。而人才培养模式包括教育思想、培养目标、培养方案、管理策略、师资队伍和教学设施等要素，属于中观的学校和专业层面。三者具有层次上的递进关系。教学模式描述的是一种教学活动，是人才培养模式的下位概念。但是，办学模式与人才培养模式却不是包含与被包含的关系（见图 1）。办学模式描述的是一种办学行为，它和人才培养模式是学校在主体层面上的不同选择，体现了学校在发展策略上的不同侧面，办学模式的不同会对人才培养模式产生不同的影响。人才培养模式描述的是人才培养的设计和实施过程，它是一种对于培养过程的设计、建构和管理。基于以上论述，本研究借鉴"总和说"的观点，将"人才培养模式"定义为：在一定教育思想和理念的指导下，根据特定的培养目标和规格，以相对稳定的课程体系和教学内容为依托，不同类型和层次专业人才的教育和教学模式、管理制度、评估方式及其实施过程的总和。

4. 职业教育

基于不同的主体利益，根据不同的出发点和立足点，人们对"职业教育"的称谓和理解皆有不同，本研究选取湖南省教育科学研究院欧阳河教授的观点作为参考："职业教育是终身教育和终身学习的体系中、建立在基础教育之上、为引导学生掌握在某一特定职业或职业群中从业所需的实际技能知识和认识的教育服务。层次上一般分为初等、中等和高等。分就业前的职业准备教育和就业后的岗位培训、转岗培训。教学组织形式主要有学校教育、企业培训，学校——企业双元制。生源自小学后、初中后、高中后分流出来。学完课程后可以获得主管部门认可的、在劳务市场上从业的资格或文凭，作为完成学业的证明。"

在教育层次上，职业教育可以划分为初等职业教育、中等职业教育和高等职业教育三个等级。初等职业教育是在初级中学阶段开展的职业教育，也是九年义务教育的一个组成部分。实施这类教育的学校主要是职业初中，其招收对象是小学毕业生或相当于小学文化程度的人员，一般在讲授初中文化课的同时，开设一些有关专业的生产劳动和职业技术课程，使学生学有一技之长，学制三年或四年。目前，这类学校主要设在欠发达的农村地区和边远山区。随着我国经济社会的发展，初等职业教育将转型为基础的或入门的职业培训。中等职业教育以初中毕业生为招生对象、基本学制以 3

年为主，为社会培养初、中等技术人员和技术工人。从广义上理解，中等职业教育包括中等专业学校教育、中等技术学校教育、职业中学教育以及普通高中和综合中学的职业成分（中等职业教育班等）外加各种短期职业培训等。它是职业教育的一部分，同时也是我国高中阶段教育的重要组成部分。高等职业教育的类型与层次历来争议不断，研究者们各执一词。教育部职业技术教育中心研究所姜大源教授曾对高等职业教育在教育类型和教育层次上作了定位：在教育类型上，高等职业教育是就业导向的教育，基于工作过程系统化的动态的课程结构，这一显性存在的就业导向培养目标和课程结构特征区别于就业导向培养目标非显性存在的、基于学科知识系统化的静态课程结构的普通高等教育。在教育层次上，高等职业教育和中等职业教育的差别主要体现在教育功能和教育内容两个方面。高等职业教育的毕业生所从事的工作岗位的综合、全面程度及其所显现的责任、价值功能高于中等职业教育毕业生所从事的工作岗位，这实质上反映了工作过程复杂程度的高低；高等职业教育毕业生要有能力驾驭策略层面的工作过程，而中等职业教育的毕业生一般只需有能力把握经验层面的工作过程，这实质上反映了工作过程深广程度的大小。我国完整的高等职业教育结构体系包括专科、本科和研究生三个层次的职业教育。其中，专科层次的高职主要包括"三年制"和"五年制"的高等职业学校和高等专科学校；本科层次的高职院校包括以培养职教教师为主的职业技术师范大学（学院）、普通本科下设的二级学院以及近年由地方普通本科高校转型、专科高职院校升格而来的部分院校。在概念名称上，"职业教育"的称谓历来纷繁复杂，研究者们莫衷一是。本研究将"职业教育"、"职业技术教育"、我国台湾地区使用的"技术职业教育"、美国的"生涯与技术教育（Career and Technical Education，简称 CTE）"、澳大利亚的"技术与继续教育（Technical and Further Education，简称 TAFE）"、联合国教科文组织规范使用的"技术与职业教育和培训（Technical and Vocational Education and Training，简称 TVET）"以及其他国家（地区）普遍使用的诸如"职业与技术教育（Vocational and Technical Education，简称 VTE）"、"职业教育与培训（Vocational Education and Training，简称 VET）"等称谓暂且统一称为"职业教育"。本研究将"职业教育"的外延限定在学历教育中的中等职业教育（学校类型包括中等专业学校、中等技术学校、职业中学）和高等职业教育（包括专科教育和本科教育），以及非学历教育中的各类职业培训。

5. 教学管理

教学管理是指根据教学的规律和特点，以人才培养目标为导向地对教学工作进行的计划、组织、控制和监督的过程。教学管理包含的内容很多，有学者将教学管理分成宏观和微观两个层次。"宏观层次是指教育行政机关对各级各类学校及其他教育机构教学的组织、管理和指导。微观层次认为教学管理是学校管理根据教育方针、教学大纲的要求，根据教学工作规律，运用现代科学管理的理论、方法和原理，通过计划、组织、检查、总结等管理环节，对教学的各个方面、各个要素、各个环节，进行合理组合，推动教学工作正常地、高效地运转。"

本书着重从教学管理的微观层次进行分析，从学校的角度讨论研究民办高职院校教学管理存在的问题。在不同的教育阶段和办学形式中，教学管理又有着各自不同的涵义。基础教育的教学管理和高等教育的教学管理更是有很大的不同。对于高等学校的教学的教学管理，《中国教育大百科全书》将其界定为"按照高等学校的培养目标的要求，使学校教学活动顺利进行的管理工作。根据高等教育的客观规律，对教学工作制定切实可行的计划，组织落实、检查监督和控制质量，以实现培养目标。"王瑾将高职教育教学管理定义为："按照高职教育的客观规律和特点，依据高职教育的人才培养目标要求，对学校教学活动进行有计划的组织、安排、控制、监督而全面实施的过程。"

综上所述，民办高职院校的教学管理可以总结为：既具备民办高职院校自身特色，又能根据高职教育的客观规律和特点，以实现高职教育的人才培养目标为宗旨地对教学活动进行计划、组织、控制和监督的实施过程。民办高职院校教学管理要根据社会的需求，符合学校人才培养目标，运用科学的管理方法，通过计划、组织、监督、评价等管理环节，合理安排教学的各个方面、各个要素和各个环节，推动教学工作高效运行。教学管理的内容繁多，范围甚广，本研究尚不能做到面面俱到，更何况，民办高职院校生存环境和办学形式本就千差万别，本研究不能奢望分析的问题符合所有民办高职院校的实际情况，更不能奢望所提出的策略适用于所有民办高职院校的发展。就民办高职院校的办学特点来说，其教学管理相对于公办高职院校来说，有好的一面也有差的一面。本研究尝试从管理的层面归纳出民办高职院校教学管理存在的具有代表性的问题，并提出改善策略。

6. 高等职业教育

有学者认为当今世界职业教育有两种形式：一种是学校职业教育为主，辅之如明治或之后的见习、实习等职业实践的"学校职业教育"模式，另一种则是一体化的，企业培训为主，辅之职业学校知识教学的"双元制"职业教育模式。前者为大多数国家所采用，后者只留存在欧洲大陆的德国、瑞士、奥地利和丹麦等几个国家。我国现代高等职业教育与第一种更相似，现代学徒制更加注重校企联合育人，这也是本文接下来要介绍的。职业学校教育层次分为初等职业教育、中等职业教育和高等职业教育，高等职业教育是职业教育的最高层次。1999 年《中共中央国务院关于深化教育改革全面推进素质教育的决定》规定：高等职业教育是高等教育的重要组成部分，要大力发展高等职业教育，培养一大批具有必要理论知识和较强的实践能力，生产、建设、管理、服务等第一线和农村急需的专口人才。高等职业教育具有高等教育与职业教育的双重属性，决定了高等职业教育是一种特殊的教育类型，其招生模式、教学方法、教师队伍等程序与其他教育类型不同。高等职业教育是职业教育的"高等"层面。首先对职业教育进行界定，职业教育从广义上说，任何从事教育或培训活动的机构，都可纳入职业教育体系系统，包括学校教育系统和社会培训系统。从狭义上说，职业教育是一个国家或地区各种类型、各种层次的职业技术教育与培训所构成的整体，即各类专业学校，它建立在普通教育基础上，受一定社会的经济和技术发展水平的制约，并随着经济技术的变化和普通教育普及程度的提高而不断调整。本文高等职业教育是指狭义意义上的职业教育的"高等"层面，是学校教育。

7. 校企合作

根据《教育部关于推进高等职业教育改革创新引领职业教育科学发展的若干意见》（教职成［2011］12 号）的相关规定，本文将校企合作定义为在政府的指导下，区域产业发展对人才的需求为依据，学校和企业共同招生（招工）、共同考核、共同制定教学计划等的校企联合培养学生（学徒），是学校和企业深层次的全程合作，最终实现专业与行业（企业）岗位对接、专业课程内容与职业标准对接、学校的教学过程和企业的生产过程紧密结合，校企共同完成教学任务，突出人才培养的针对性、灵活性和开放性。现代学徒制与校企合作的关系，本文赞同杜广平的观点：现代学巧制可看作是包含在校企合作的一种实践模式，现代学徒制在我国发展不足的主要原因是企业参与动力不足，只有通过利益驱动企业积极参与，才是促进现代学徒制发展的根本办法。把现代学徒制看成是校企合作的一种模式，其核也思想是校企深度合作。

综上所述，现代学徒制就是职业院校的学生在接受职业教育的过程中有计划地接受学徒教育的人才培养模式，是传统职业教育学徒制的传承和发展。现代学徒制不仅从体制机制上对工学结合人才培养模式进行了变革和创新，也将职业院校的人文素养和企业的职业素养贯穿于整个技术技能型人才培养的全过程。

二、学徒制育人模式教学管理特征

分析企业现代学徒制的特点是为了将其与传统的"校企合作"、学校主体的现代学徒制等职业教育形式相区别，以把握企业现代学徒制的本质属性。从工作情境、主体地位、培养对象、学习内容以及教学与评价标准等方面进行分析，可以得知企业现代学徒制具有如下一些基本特点：

1. 学习培训的真实情境性

企业现代学徒制是基于工作过程的情境化学习，在真实的工作环境中获得实践知识。企业现代学徒制为职业教育情境学习提供了所需要的工作与学习真实情境。根据情境学习理论，知识不再是个体心理内部的表征，而是人与社会或真实情境之间联系的属性以及互动的产物。学习也不再仅仅是为了获得事实性的知识，而是学习者在知识产生的特定情境中参与的文化实践。因此，在企业现代学徒制中，学徒是实践共同体的合法的"边缘"参与者，因其是新手，所以只参与和学习培训相关的企业活动。学徒通过对企业熟练员工或专门师傅的观察或与同伴的讨论进行学习，在知识产生的情境中建构知识。

2. 参与主体地位关系的明确性

企业现代学徒制以企业为本位，坚持企业的主体地位，这是其区别于其他职业教育形式的显著特点。企业的主体地位表现在三个方面：其一，企业是开展现代学徒制培训活动的主要场所，学徒在企业接符合职业性质和工作岗位要求的实践技能训练。其二，企业根据工作岗位标准和职业发展需要，结合行要求，为开展现代学徒制培训制定职业能力标准。其三，企业在整个现代学徒制培训过程中发挥主导作用，统筹安排，明确参与主体各方职责，平衡各方利益。职业院校在企业现代学徒制培训中应积极参与，联合企业开发课程标准，保障课程实施和教学过程，使学生获得必备的基础文化知识、专业理论知识和职业道德素养。政府在企业现代学徒制中要积极发挥指导作用，建立健全相关法律法规，制定鼓励企业、行业和职业院校、学生积极参与现代学徒制的政策措施，完善现代学徒制经费投入机制，通过宏观调控保障现代学徒制的顺利进行。行业协会和相关组织在参与制定职业能力标准和工作岗位标准方面发挥着重要作用，对参与企业现代学徒制的学徒质量进行过程性评价和终结性评价，保障现代学徒制的培训效果，促进人才培养质量的提升。学徒是企业现代学徒制中的学习和实践主体，是企业和学校的培养对象，在双边交替性的学习和培训中获得知识、技能和素养的提升，以满足职业发展要求和自身发展需要。

3. 培养对象身份角色的复杂性

企业现代学徒制的培养对象具有双重身份，既是企业在岗的新进员工，也是职业院校注册在籍的学生。但是，学徒作为企业员工身份，可以是正式员工，也可以是处于试用期的准员工；学徒作为职业院校学生身份，可以是在职的学生，如我国目前试点的"企业新型学徒制"的学徒注册学籍就是在职的，也可以是处于实习或见习期的全日制学生。学徒通过学分制和"弹性学制"完成职业院校课程教学要求，达到相关专业要求而获得毕业证书；与此同时，通过具体岗位的工作过程学习与实践，达到相关职业和岗位技能要求而获得相应的职业资格证书或培训合格证书。

4. 学习培训内容的全面性

在企业现代学徒制中，学徒所要接受的学习和培训内容既包括企业具体岗位和职业要求的基于工作过程的实践性知识与技能，也包括职业院校基础性的和专业性的文化与理论知识，还包括具有普遍通用性的人文素养、职业道德素养以及具体适切性的职业精神等。这些内容按一定的知识类型与能力结构构成了企业现代学徒制的职业核心能力，职业核心能力是具有跨职业性的技能导向的关键能力。企业现代学徒制即是对学徒开展职业核心能力的培养与训练，以达到所规定的人才培养目标与要求。

5. 教学与评价标准的规范性

为避免学徒沦为企业的廉价劳动力，保证学徒接受充分的、符合需要的学习与培训，企业现代学徒制的开展过程中需要联合企业、行业以及政府多方力量，研究制定规范而统一的教育培训标准以保证培训质量。开展现代学徒制比较成功的国家都有统一规范、严格执行的学徒培训标准，如英国的《学徒制框架》、德国的《职业教育条例》和《框架教育计划》、澳大利亚的《培训包》等，对教育与培训的内容和方式等都作出了明确而细致的统一规定。

第四节　高职院校开展现代学徒制教学管理模式研究的重要意义

一、理论意义

我国学徒制在古代也是培养技术个人的重要途径。它发源于奴隶社会，形成于封建社会。既有家庭小作坊的父亲传授"祖传秘方"给儿子的形式，也有为了满足皇族需求的官方学徒制的"师傅带徒弟"形式。由于受到"学而优则仕"思想的影响，人们形成了重人文、轻技术的传统思想，学徒身份较低。随着改革开放和我国加入世界贸易组织（WTO），对高技能、高素质人才的需求增加，《国务院关于大力发展职业教育的决定》（国发〔20001.35 号）提出："加快生产、服务一线急需的技能型人才的培养。"然而职业教育中的校企合作呈现"一头冷"现象，职业教育更多的注重学校职业教育，很少有学者站在企业角度来分析校企合作的。现代学徒制是传统学徒制与现代职业教育结合的产物，本文通过对现代学徒制发展和对比研究，丰富现代学徒制的理论研究，有利于我国现代学徒制政策的制定和学徒制理论的发展。

二、实践意义

《国务院关于加快发展现代职业教育的决定》（国发〔2014〕19号）明确要求："开展校企联合招生、联合培养的现代学徒制试点，完善支持相关政策，推进校企一体化育人"，为我国职业教育进一步深化教学改革和创新人才培养方式指明了重要方向。高职院校积极开展现代学徒制，其重要实践意义表现在以下四个方面：

1. 有利于将学校的人文素养和企业的职业素养融入高职技术技能型人才培养的全过程，促进学生职业能力的全面提升；有利于提升高职院校主动服务地方产业发展的能力，提高学校的办学水平和社会声誉；有利于校企共同完成学生实训专项指导，推进优质教学资源共享，完成实训信息化平台建设；有利于推动产教融合、校企深度合作。做到以创新人才培养模式为抓手，真正实现产、学、研、做的有机结合。构建现代学徒制人才培养模式下的高职教学管理体系近年来，我国高职教育取得突飞猛进的发展，目前全国高职院校共计1300多所。随着经济全球化的不断推进，社会发展迫切需要高职教育办学定位为高素质技术技能型人才的培养，因此，社会对高职院校的人才培养提出了更高的要求。目前我国现代学徒制的实施还处于探索阶段，必须积极开展现代学徒制，创新人才培养模式，提高人才培养质量。

2. 有助于现代学徒制的持续性发展。现代学徒制是传统学徒制与现代的职业学校结合起来的产物，它集中了传统学徒制与职业教育的优势。通过对院校中现代学徒制的实证分析，找出实际现代学徒制面临的挑战，最终提出相应的对策。对现代学徒制在高职院校的应用进行研究有助于我国高职教育摆脱过去一成不变的教学制度，将政府、企业、学校、学生等有机联合起来，由宏观环境到微观条件来分析现代学徒制在高校应用的外部环境和 学校内部相应的改革，有利于带动区域经济的发展，有利于现代学徒制的持续性发展。

3. 有助于解决学生"就业难"和企业"用工荒"的问题。2014年8月

25 日，教育部印发了《关于开展现代学徒制试点工作的意见》，标志我国的现代学徒制试点进入了实质推进的阶段。对现代学徒制在高职院校中的应用研究，不仅可实现高职教育目标，发挥职业教育的优势，培养一大批一线生产、服务、建设、管理的一线人才，还可通过 PEST 分析法来分析校企合作和我国教育大众化背景下对高技能人才的迫切发挥外部环境对人才培养的作用，提高社会对高职教育的认可度，为资源教育发展创造良好的思想基础和社会环境。随着外部环境的变化，高职院校的现代学徒制应用也应该做出相应的改革，对教学方式、教育培养目标等提出了新的要求，使高职院校适应社会经济的发展，达到"零距离"上岗的要求，对解决大学生"就业难"具有现实意义。同时对解决企业"用工荒"问题、提高劳动生产率具有实践意义。

4．有助于高职教育的可持续发展。《教育部关于开展现代学徒制试点工作意见》（教职成【2014】9 号）明确指出："现代学徒制有利于促进行业、企业参与职业教育人才培养全过程，实现专业设置与产业需求对接，课程内容与职业标准对接，教学过程与生产过程对接，毕业证书与职业资格证书对接，职业教育与终身学习对接，提高人才培养质量和针对性。"从属性上来说，高等职业教育属于高等教育范畴，然而高等职业教育与普通高等教育在教学方式、教学内容、教师队伍等方面存在差异。高职教育的主要特征：教学方式的实践性，企业和学校共同培养学生（学徒）；教学内容包括理论教学和实践教学，理论教学是让学生掌握必要的理论知识，实践教学是让学生在真实的工作场景下进行实习，并掌握必要的能力技能；高职院校教师队伍强调"双师型"教师队伍建化普通离校更强调教学与科研相结合的教师队伍建设。从层次上看，离等职业教育是职业教育的富层次教育。与中等职业教育相比，不论是教学内容的复杂程度还是实践内容的操作能为要求都有所增加，高等职业教育更注重高级应用型、高级技能型和复合型人才的培养。

5．有助于高技能型、复合型、创新型人才的培养。《纲要》提出："职业教育要面向人人、面向社会，着力培养学生的职业道德、职业技能和就业创业能力。"《教育部关于进一步加强职业教育工作的若干意见》（教职成（2004）12 号）指出：一方面生产服务一线技能人才特别是高技能人才严重短缺，广大劳动者的职业技能和创业能力与劳动力市场需求有较大差距；另一方面职业教育发展面临诸多困难，办学条件比较差，办学机制不够灵活，人才培养的数量、结构和质量还不能很好满足经济建设和社会发展的需要。2013年，我国已经进入了经济新常态，各产业处于不断增长的态势。企业对只会简单操作的劳动者的需求逐渐下降，为了提高劳动生产率，企业不断追求高技能人才，这也是现代学徒制快速发展的动力因素。现代学徒制体现的是以学生为中心的教育思想，通过校企合作，学生不仅掌握必要的理论知识，也学会了企业需要的实践技能。通过轮岗实习，提高学生的职业转移能为，有利于学生的可持续发展和高职教育的健康发展。现代学徒制的应用体现了终身教育、全人教育思想，有利于高职教育培养创新型、复合型人才。本文针对现代学徒制在实践中存在的问题进行分析，寻找策略，对高技能人才的培养有重要的性。

第二章 国内外职业教育中学徒制育人模式教学管理理论比较分析

第一节 我国高职院校在现代学徒制下人才培养的模式

近年来，国内高职院校结合自身特点，借鉴发达国家运行学徒育人的成功经验，纷纷开展人才培养模式的改革，这获得了政府和地方的引导和支持。目前普遍采用了以下几种学徒育人人才培养模式：

一、"校企合作"模式

我国职业教育的发展经过了从原始的学徒制到学校职业教育，从单一的学校职业教育到"校企合作"，再从"校企合作"到现代学徒制的历史轨迹。从一定程度上讲，现代学徒制"校企合作"的深化与重组，现代学徒制是为解决"校企合作"的发展难题而产生的。所以，要研究现代学徒制，就必须先对"校企合作"人才培养模式加以剖析。本部分通过对文献资料的分析，大致梳理了我国"校企合作"的发展脉络，归纳出了"校企合作"所面临的发展难题。

（一）"校企合作"的历史沿革

我国学校与企业产生联系可以追溯到洋务运动时期，① 近代工业化的发展催生了"校企合作"的萌芽，但由于时局动荡，工业基础薄弱，实业教育尚处于探索阶段，学校与企业联系的水平很低。我国真正意义上的"校企合作"始于建国后。建国后，台湾地区和大陆的"校企合作"都逐渐获得了发展。台湾地区的"校企合作"被称之为"建教合作"、"产学合作"，受经济发展状况和技职教育水平的影响，台湾 60 多年来"校企合作"主要有顶岗实习模式、研究开发模式、配合教学模式、员工培训模式、学校创新育成模式以及合作经营模式等。

② 大陆的"校企合作"根据社会经济发展水平、政府政策的导向以及学校与企业具体合作形式与程度等差异，大致可以划分为三个阶段，即建国初期到 20 世纪 70 年代末，20 世纪 70 年代末到 20 世纪 90 年代末，21世纪初至今。

1. 计划经济体制下的"校企合作"（建国初期到 20 世纪 70 年代末）

新中国成立后，我国社会经济凋敝，百废待兴，百业待举。在 1958 年 5 月 30 日召开的中共中央政治局扩大会议上，刘少奇在讲话中指出，我们国家应该有两种教育制度和两种劳动制度。

在"教育与生产劳动相结合"方针的指导下，50 年代末出现了教育、生产、科研"三结合"的"校企合作"形式。④这一时期，我国对高校进行了大规模院校调整，效仿苏联模式建立了高度计划的管理体制。为了适应工业发展需要，政府鼓励高校参与科学院或产业部门的科研任务，同时鼓励科学院和产业部门在高校设立科研规模较小的机构，并规定高校可直接参与校外相关单位所委托的科研项目，这为"校企合作"的开展奠定了一定的基础。五十年代后期的校企联系多为低层次的单项联系，但高等学校与产业部门已经建立了 31 个合作研究机构。1961 年《高教六十条》、《科研十四条》出台后，我国高等教育开始探索自己的发展道路，"校企合作"逐渐取得较大发展。① 但这一时期的"校企合作"多是政府采取行政命令予以直接干预，"校企合作"的表现形式是企业为学生生产实习提供场所。十年"文革"使我国高等教育遭受到了严重的摧残和破坏。在反对教育脱离实际、脱离群众、脱离劳动这一背景之下，高校的正常教学秩序受到了极大的冲击，诸多不切实际的教改违背了高等教育的发展规律。虽然周恩来和邓小平分别在 1970 年 7 月和 1974 年 10 月对高等教育进行了两次整顿工作，但都因为"左"思潮的干扰而被迫中断。这一时期的"校企合作"也受到了很大干扰，基本处于停滞状态。② "文革"结束后，我国教育事业逐渐恢复和发展。1977 年，邓小平恢复工作并主持科学和教育，开始了教育战线的拨乱反正，高考得以恢复，高等教育工作得到整改。我国高等教育步入良性发展轨道，校企合作也逐渐恢复开展。

2. 社会主义市场经济体制建设时期的"校企合作"（20 世纪 70 年代末到 20 世纪 90 年代末）改革开放过后，我国社会主义市场经济体制逐步探索并最终确立。1978 年的全国科学技术大会明确了高等学校教学与科研"两个中心"地位。

1980 年《教育部部属高等学校校办工厂暂时管理办法》颁布后，"校办工厂"在教学、科研与人才培养中的作用逐渐凸显，这是"校企合作"的独特形式。1985 年《中共中央关于教育体制改革的决定》出台后，教育体制进行了全面深化的系统改革，校企联合办学使我国"校企合作"形成了新的格局。1991 年中国产学合作教育协会在上海成立，掀起了全国高校"校企合作"的风潮。1995 年产学合作教育现场交流会在北京召开，明确了"产学研"合作教育的宏观管理与微观规制。1997 年《关于开展产学研合作教育"九五"试点工作的通知》颁布后，在国家教委领导下，我国"产学研"合作教育获得较大发展，使我国"校企合作"工作的开展不断深化。这一时期，随着市场竞争的加剧，企业日益注重科技创新与人才培养，在竞争中逐渐提高了智力投资，这使得"校企合作"关系变得密切。"校企合作"的方式也随着国家经济体制和教育体制的改革深入以及国家产业政策的改革调整而不断发生变化。但是，企业在"校企合作"中，更多的是考虑经济利益，企业的不断市场化使得政府对企业的计划调控力度逐渐弱化，"校企合作"方式逐渐由计划经济时代的"唯命是从"转向以市场需求为导向，合作机制逐渐转为市场机制。因此，以往依靠政府采取强制性的行政命令干预的"校企合作"方式难以继续有效进行。

3. 社会主义市场经济体制完善时期的"校企合作"（21 世纪初期以来）从 21 世纪开始，我国进入了全面建设小康社会，加快推进社会主义现代化新的发展阶段。这一时期，职业教育的发展经过了由规模扩张到内涵建设与质量提升，职业院校积极探索学校与企业的合作关系，"校企合作"培养模式的发展可以细化为三个阶段。（1）2000 年到 2005 年以"就业为导向、产学结合"的校企合作初探时期。2002 年国务院颁布《关于大力推进职业教育改革与发展的决定》，提出"要充分依靠企业举办职业教育"，强调"企业要和职业学校加强合作，实行多种形式联合办学"。2004 年《教育部关于以就业为导向深化高等职业教育改革的若干意见》提出高等职业教育要以服务为宗旨，以就业为导向，走产学结合发展的道路。"产学结合"即在职业教育发展进程中职业院校与产业部门在培养高技能人才方面根据各自的优势，遵循平等互利的原则参与办学。"校企合作"作为高等职业教育的培养方向之一，以培养适应生产、建设、管理、服务第一线的高等技术应用性专门人才为目标。

（2）2006年到2009年以"校企合作、学徒育人模式"的可持续发展时期。2006年国家"十一五"发展规划中提出"大力发展以就业为导向，推行校企合作、学徒育人模式的人才培养模式"。同年出台的《教育部关于全面提高高等职业教育教学质量的若干意见》提出了"学徒育人模式的人才培养模式"，要求"大力推行学徒育人模式，突出实践能力培养，改革人才培养模式"。2008年教育部在相关文件中继续强调在职业院校发展建设中深入开展"校企合作"，促进了"校企合作"的可持续发展。

（3）2010年以来以多元化办学模式、深化合作办学的校企合作内涵发展时期。2010年颁布的《国家中长期教育改革和发展规划纲要（2010-2020年）》鼓励行业组织和企业举办职业学校。2011年6月教育部下发了《关于充分发挥行业指导作用推进职业教育改革发展的意见》，加大了对行业企业举办职业教育的重视。同年9月，《教育部关于推进高等职业教育改革创新引领职业教育科学发展的若干意见》要求"创新办学体制，完善运行机制，探索多元办学模式"。2012年教育部明确提出加强校企合作，探索校企合作的长效机制，举办"校中厂"、"厂中校"等合作模式。2014年6月的全国职业教育工作会议，要求加快发展现代职业教育，提出"要创新各层次各类型职业教育模式，坚持产教融合、校企合作，坚持学徒育人模式、知行合一"。这一时期，通过"集团化办学"、"混合所有制办学"创新办学机制，通过"多方合作"、"协同育人"拓宽合作领域。鼓励地方根据当地学校实际，探索"校企合作"的各种创新教育模式，如"订单培养"、"顶岗实习"、"引企入校"、"企业办校"等多样化的合作方式。

（二）"校企合作"的现实困境

我国职业教育"校企合作"发展至今，已取得了显著的成绩，形成了多元化的人才培养形式，为技能型人才的培养做出了突出贡献。但是，"校企合作"目前仍面临着诸多问题亟待解决。不同的理论为"校企合作"的发展难题提供了解释和分析。从经济学的角度来讲，校企双方的利益诉求符合"经济人"假设，双方在追求自身利益最大化时出现了利益冲突，与此同时，"校企合作"的层次受制于交易费用的大小，"校企合作"产权制度的缺失引发外部效应，因此造成了合作过程中职业院校"一头热"等问题。而从运筹学中的博弈论来讲，"校企合作"是职业院校与企业之间的博弈行为，"校企合作"的发展难题源于博弈主体之间存在着信息不对称、权利不对等、义务不平衡以及资源占有不均衡等问题。根据布迪厄的场域理论，在校企合作场域中，学生作为场域主体之一，在经济资本上相较于企业而言处于弱势地位，所拥有的资本总量较少，应用资本的能力较差。因此，政府在维护学生权益方面应承担更多的责任。社会交换理论认为，企业由于资源占有的优势，在"校企合作"中产生了"权利"与"义务"的"不平等交换"，而使得"校企合作"流于形式。⑤从组织社会学理论上讲，"校企合作"的发展困境是由校企双方非对称的资源依赖结构、对合作育人的合法性分析、校企之间的"协商性交换"难题以及规则构建的复杂性等因素决定的。不同的理论解释都是基于"校企合作"的主体来展开的，"校企合作"包括企业、行业、职业院校、学生、政府等多个主体，那么从合作主体的角度来看，"校企合作"的问题则存在于多个主体层面。

1. 从企业角度的分析。企业由于教育资源的流动性、片断性、粗放性等特征，在发展上呈现出生产规模的中小型化、生产经营的高风险性、发展动力的市场依赖性以及市场竞争层次较低，在职业教育人才培养发展过程中未能获得应有的主体地位，故而在"校企合作"中利益驱动力不足，合作积极性不高，加之用工观念的偏见，导致社会责任意识不强。

2. 从行业角度的分析。我国行业自身的独立发展水平整体上偏低，对职业教育发展的指导能力有限，尚不具备发达国家行会所具有的制定标准、主持考试以及颁发职业资格证书等能力。而且，我国法律尚未明确行业协会和组织在行业岗位标准等制定中的主要作用，尚未建立行业组织对"校企合作"的监督机制。法律和政策的不完善，使得行业对职业教育的指导权限不明确，指导作用得不到充分发挥。

3. 从职业院校角度的分析。职业院校在我国目前的职业教育以及"校企合作"中处于主体地位。"学校主体式"的校企合作发展模式存在着重理论轻实践、重职业能力培养轻职业精神养成、缺乏组织保障和制度规范等弊端，适应行业企业需求的能力不强，在"校企合作"中积极性很高，但是"剃头挑子一头热"，与企业合作大多处于低层、浅表化的发展阶段。

4. 从学生角度的分析。在目前的"校企合作"中，存在着企业的用人标准、岗位要求等与学生的实习实训内容不相匹配，导致岗位学习的质量很低。部分学生的职业道德素养、知识和技能水平达不到企业的要求，直接影响了企业合作的积极性。加之企业实习条件与待遇等方面存在着诸多问题，使得学生的合法权益得不到保障。

5. 从政府角度的分析。我国政府在"校企合作"过程中扮演着重要角色，发挥着举足轻重的作用。但是，目前仍面临着主导作用发挥不足，宏观指导欠缺，经费投入不足，管理体制不成熟，评价机制不健全，支持"校企合作"的相关政策制度还不完善，"校企合作"中的失范行为缺乏制度和法律的制约与监管等诸多问题。总的来说，我国"校企合作"主要是企业参与度低、职业院校"一头热"的浅层次、低质量的合作形式，要促进校企深度合作，必须解决发展理念、政策制度、运行机制、经济效益以及现实局限性等问题。随着市场导向的运行机制逐步确立，努力解决企业、学校与学生三方利益的冲突与矛盾，建立学校与企业的长效合作机制和互通机制。

二、订单式

所谓"订单式"，就是用人单位与学校签订协议，根据本单位人才的需求情况，要求高职院校培养合适的人才，包括规格和数量，学生的就业直接面向合作单位。在这种模式下，校企双方互相信任、紧密合作，合作企业全程参与学校的人才培养过程，教学场所从学校的课堂直接延伸到了企业的工厂这个真实的环境中，将书本的理论学习与实际工作经历有机结合，这种学习情境变得有计划、有指导和有工程检验。可见，"订单培养"为校企合作搭建了很好的平台，为职业技术教育注入了很强的活力。

三、"2+1"模式

"2+1"模式下学生先有两年时间在校内上课学习，然后有一年在校外实习。在校期间学校是教育的主体，企业积极配合参与，学生校内主要是学习基础知识与专业知识，掌握基本与专项技能，为后面的综合实践与顶岗实习做好充分的准备；在企业实习与培训期间，企业作为教育的主体，学校积极配合，学生通过在企业的综合实践实习，掌握相关的岗位技能，具备一定的职业素养，最终完成学习任务。

四、"引厂入校"模式

"引厂入校"模式是指学校为企业提供生产车间场所，企业为学生提供实践的机会与实习指导。学校紧紧围绕企业的需求进行人才培养，企业参与学校的专业教学，共同制订专业教学标准。如广东水利职院机械系将东莞鹏飞电器工程有限公司引入学院，企业在学校建立了产品生产线，提供了真实的生产环境，企业工程师与学院师生一起设计产品，建立生产线等，学生可以到校内企业顶岗实习，成效显著，校企双方真正在合作中实现了互惠共赢，也为学院的学徒育人人才培养模式的开展打下了坚实的基础。

学徒育人的具体模式在不同国家、不同院校有所不同。但是，在人才培养方面都有着共同之处，主要表现为几点：

（1）以校企合作为前提，校企双方签订合作协议，共同成人才培养工作。

（2）以学生为主体，强调学习的主人是学生，教学过程是"教师导、学生学"，学生在教师的引导下主动地学习。

（3）以职业能力为本位，重视学生实践、技能、技巧的培养，理论教育也突出实用性。

（4）注重整合校内外教学资源、重视教学团队的建设。

第二节 国外现代学徒制人才培养模式

我国现代学徒制的理论研究时间尚短，实践层面更是处于初步探索阶段。现代学徒制要获得长足发展，除了自身的不断摸索，也需要学习和借鉴先进经验以少走弯路。包括德国、英国、澳大利亚、瑞士在内的不少西方国家的现代学徒制在不断的改革发展过程中逐渐趋于成熟，积累了丰富的经验。把握其改革进程、发展现状以及具体的培养模式，对我国现代学徒制人才培养模式的构建具有重要的启发意义。

（一）德国的"双元制"

"双元制"这一概念首次出现在 1964 年的《对职业培训和职业学校的鉴定》文件当中。1969 年《职业教育法》的颁布，标志着德国"双元制"的正式确立。"双元制"是企业与学校合作培养技能人才的职业教育制度。其中，"一元"是指私人办的企业，另"一元"是指国家办的学校。企业是"双元制"的主要学习场所，承担着经费投入的三分之二，剩余部分由国家承担。经行业协会根据《联邦职业教育法》标准审查而获得从事"双元制"职业教育资格的"教育企业"与受教育者签订《职业教育合同》，并根据《职业教育条例》所规定的资格标准与教学内容进行教学。目前德国具有"教育企业"资格的只有 20%-25%。受教育者每周在企业学习 3-4 天，整个学习期间的生活津贴皆由企业提供。职业学校也是"双元制"的重要学习场所，遵照州《教育法》以及各项框架教育协议，根据《职业教育框架教育计划》传授普通文化知识和专业知识，作为受教育者企业学习的系统性补充，受教育者每周在职业学校学习 1-2 天。"双元制"的学习年限根据职业的不同分为两年、三年或三年半。根据 2012 年的统计数据，约 65%的高中毕业生选择接受"双元制"职业教育。"双元制"职业教育具体的人才培养模式见图 2-1。

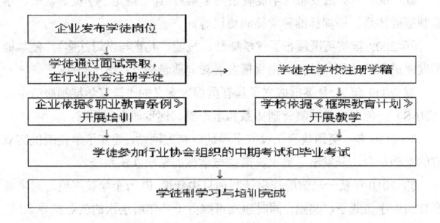

图 2-1　德国"双元制"的运行模式

（二）英国的"现代学徒制"

英国的"现代学徒制"肇始于 20 世纪 90 年代，在 20 多年来的发展过程中进行了一系列的改革和探索。这些改革包括：

① 1993 年英国政府宣布进行现代学徒制改革；

② 1994 年现代学徒制以 16-17 岁的中学毕业生为对象首先在 14 个行业部门试行；

③ 1995 年面向 18-19 岁的青年实施高级现代学徒制，行业部门扩展到 54 个，开始全面实施现代学徒制；

④ 1996 年合并现代学徒制和高级学徒制，帮助学生获得国家职业资格 3 级水平证书；

⑤ 1997 年将原来的"国家受训生制"更名为"基础现代学徒制"，以 16-18 岁青年为对象，帮助其获得国家职业资格 2 级水平证书，学徒制参加人数逐渐增多；

⑥ 2004 年英国政府再次启动新学徒制项目，取消使用称谓中的"现代"一词，打破 25 岁年龄上限，同时建立以 14-16 岁青年为对象的"青年学徒制"项目；

⑦ 2005 年发布的《现代学徒制蓝皮书》统一了学习内容框架，规范了现代学徒制发展；

⑧ 2008 年英国发布《学徒制条例草案》，详细规定了学徒制证书、学徒制框架体系、培训标准和学徒制协议等；

⑨ 2009 年初英国颁布了《学徒制、技能、儿童与学习法案》，使学徒制发展进入了法制化时代，由规模发展转向质量提升；

⑩ 2009 年 4 月英国成立了具有里程碑意义的"国家学徒制服务中心（NAS）"，使现代学徒制管理体系和运作模式逐步健全和规范；

⑪ 2009 年，英国政府还设立了学徒制官方网站，建立了学徒制供需双方的互动平台，开发出了雇主、岗位与学徒的空缺匹配系统。

⑫ 2010 年新一届政府在学徒制项目中新增 40 万个学徒岗位，对雇佣学徒的中小企业予以奖励；同时建立可服务于各年龄层次的就业指导系统。

⑬ 2011 年英国政府宣布实施"青年合同"计划，投入 10 亿英镑支持中小企业雇用年轻人；次年，政府出台"雇主学徒制津贴"项目，并投入 60 亿英镑予以支持，为16-24 岁年轻人创造就业机会。

⑭ 2012 年英国政府发布了《理查德学徒制评论》，对英格兰未来学徒制改革发展提出了 10 条建议；2013 年《英格兰未来的学徒制：实施计划》发布后，"开拓者项目"开始启动，通过团队合作开发具有世界先进水平的学徒制标准和相应评价方案。

⑮ 在接下来的改革中，英国政府计划在 2017 年引入学徒税，增加投入，开展以产业为导向的技能培训，培养技能型学徒。并承诺到2020 年创造 300 万个学徒岗位。经过不断地改革调整，英国目前已形成了"青年学徒制"—"前学徒制"—"学徒制"—"高级学徒制"—"高等学徒制"五个层次的现代学徒制体系结构。不同层次的"学徒制"对应不同的年龄，学习完成后获得不同等级水平的国家资格证书。英国现代学徒制的基本框架包括能力本位要素、知识本位要素以及关键技能三大组成部分。学徒培训分属企业和培训机构（见图 2-2）。雇主负责企业培训，学徒跟随熟练员工学习岗位技能，获得相应工资报酬；学徒普通文化知识和基本理论在培训机构获得，按一定周期交替进行。学徒不用支付任何培训费用，16-18 岁的学徒培训费用由学习与技术委员会承担，年满 18 岁的学徒培训费用由雇主承担，或通过项目补贴。学徒制的学习年限因学徒个人能力和雇主要求以及受训职业的不同而存在差异，一般为1-4 年。

培训机构寻找合作企业（抑或反之），帮助企业开发学徒岗位

学徒面试，被录用后学徒制开始实施

根据《学徒制框架》企业和学校情况，制定个性化的培养方案

周期性工学交替＋经常性的评估

学徒取得《学徒制框架》规定的所有资格认证，完成学徒制

图 2-2　英国"项代学徒制"的运行模式

（三）澳大利亚的"新学徒制"

澳大利亚的现代学徒制被称为"新学徒制"。1998 年政府启动了"新学徒制"改革，次年开始实施"新学徒制"计划，实质上是将工作实践与有组织性的培训相结合，颁发认可度高的学历资格证书。2010 年澳大利亚政府任命成立了学徒制改革的专家小组，根据专家小组 2011 年提交的《共同的责任：面向 21 世纪的澳大利亚学徒制》报告建议，澳大利亚开始实施能力本位的学徒培训，并在支持服务、质量管理、激励计划等多方面对学徒制进行了改革。澳大利亚"新学徒制"包括"学徒制"和"受训生制"两种基本类型，都以澳大利亚职业资格框架和"培训包"为培训依据。二者的区别主要表现在：① 时间长短。"学徒制"多是 3-4 年，"受训生制"只有 1-2 年。② 入门水平的高低。"学徒制"至少为 3-4 级证书水平，"受训生制"则是 2-3 级，但高层次不断增多。③ 行业领域的差异。"学徒制"多在传统行业，"受训生制"以服务业为主，开展范围广。④ 项目类型的不同。"学徒制"的比例约占 1/3，其余是"受训生制"。⑤ 稳定性的高低。"学徒制"相较于"受训生制"更为稳定。学徒期间企业易主，新业主须继续遵守并执行学徒培训合同，合同的取消需征得所有相关方同意。具体的人才培养模式是：学徒（受训生）与雇主达成意向后，双方到学徒制中心签订培训协议，中心将协议提交所在地培训局审批。学徒（受训生）在与雇主共同选择的注册培训机构（主要是 TAFE 学院）进行面试，三方沟通协商后签订培训计划，明确培训目标与能力单元以及各自权责，培训计划由此正式开始。学徒（受训生）通常每周 1 天在培训机构学习知识和技能，4 天在企业接受大量的实践培训。雇主可在培训三个月后申领"学徒制开展激励经费"，在培训完结后获得"学徒制完成激励经费"。学徒（受训生）完成学徒培训后，雇主向培训机构或所在地培训局提供学徒（受训生）岗位能力证明，培训机构颁发资格认证，所在地培训局颁发能力证书（见图 2-3）。

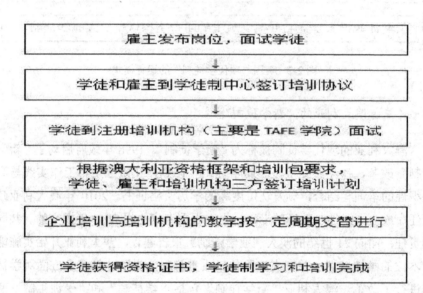

图 2-3 澳大利亚"新学徒制"的运行模板

（四）瑞士的"三元制"

瑞士"三元制"是 20 世纪 90 年代以来对传统的以企业为主体的二元学徒制培训改革而形成的，"三元"指的是职业学校、企业和培训中心。瑞士学徒制主要有两种具体模式：一种是学生每周 1-2 天在职业学校学习，3-4 天在企业接受培训；另一种是前段时间以学校学习为主，然后逐渐减少职业学校学习时间，转而以企业培训为主。学生在学徒期满后通过参加国家考试获得 2 年制的联邦职业教育证书或 3-4 年制的联邦职业教育文凭；同时可获得由师傅颁发的学徒工作证明（见图 2-4）。企业培训占整个学习时间的 70%以上，是瑞士学徒制的重心。由行业协会开办的培训中心属于独立的第三类培训场所，采取集中授课的方式提供"入门培训"，学习内容是从事某一职业所需的专业基础知识和技能。在"三元制"中，行业协会依靠企业联合体的整体力量优势，通过制定培训内容标准、组织职业技能资格考试等，促进企业、职业学校和培训中心三位一体办学，提高了学徒制培训的社会化、规范化和系统化。

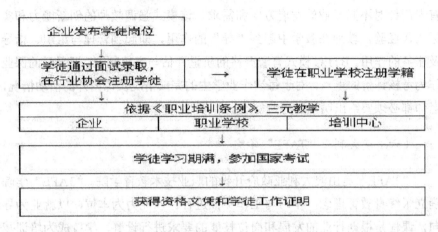

图2-4　瑞士"三元制"的运行模式

　　总的来说，德国、英国、澳大利亚、瑞士的现代学徒制人才培养模式是发达国家较为成功的典型模式。德国的"双元制"以企业为本位，英国的"现代学徒制"培训机构较为主动，澳大利亚的"新学徒制"以第三方机构为特色，瑞士的"三元制"归联邦政府主管。其中，德国、瑞士注重过程管理和质量监控，英国、澳大利亚注重结果控制，对企业和教育机构给予了更多的自主权。这些国家在开展现代学徒制的过程中，都将学徒制纳入了正规教育体系，获得了法律制度的保障，具有国家认可的职业资格和统一的课程框架，工作本位学习占据 60%以上。我国目前正处于现代学徒制的积极探索阶段，在立足国情的基础上，应积极学习先进经验，以开放、包容的态度进行多样化尝试，才能找到真正适合我国的发展模式。

　　（五）英国的"BTEC"模式

　　英国 BTEC 模式注重学生实践创新能力的培养，学生除了在学校学习外，还到企业的现场学习与实践，到社会上进行采访与调研，并以课程作业或者专题报告等作为表现形式。以学生为中心，提倡自由、个性和充分的发展。该模式将学生的通用能力与专业能力相结合进行培养，突出沟通与管理能力、自我发展的能力、解决问题的能力、数字技术、设备与软件的运用能力、创新设计的能力培养。为了便于学习者的灵活选择，采用多元化整合课程，每个专业都有必修课程和选修课程，并作统一的要求，也有专门针对不同专业的发展方向和需求。该模式强调教师的创新能力和实际工作经验，教师在教学中起到"导"的作用，即起到管理与组织、指导及服务的作用。BTEC 模式有着严格的质量评估与审核制度，把平时的课业作为考核评价的重点，对于每次作业学生的完成情况及课内外的活动情况，老师都必须要给出明确的评判等级。

（六）澳大利亚"TAFE"学院

"TAFE"是由澳大利亚政府开设的职业技术教育学院。"TAFE"学院确立了终身教育理念，学习与工作穿插进行。以能力为本位，以就业为导向，课程是根据行业的发展和岗位技能的要求进行设置，学校成为培训基地，由联邦和州出钱给企业，让企业提供培训，用合同约束。"TAFE"学院有约 1/3 的专职教师和约 2/3 的兼职教师，都必须是双师型的教师，既要懂教育又要有行业背景，既要能理论教学，又要能实践指导。实施现场教学，做中学、学中做。在考核评价方面，有严格的评估体系，各州均有教学评估机构，通过企业调查、实地考察、教育工作年度报告等形式进行质量检查评估。校企共同考核学生的学业成绩和技术水平，对实践能力的考核格外严格，合格者方可获得全国通用的证书。

总体上看，国外的学徒育人模式实践教学以职业岗位能力的培养为核心，以学生为主体，以就业为导向，重点培养大量满足工商服务业一线岗位需求的技术应用型人才，教学内容与岗位能力职业标准紧密关联，由企业行业专家、用人单位结合岗位任务及要求制定岗位职业标准。

第三节　国内外在职业教育中学徒育人模式的研究比较

一、国外职业教育中对学徒制育人模式教学管理的研究

国外职业教育管理和校企合作教学的研究国外虽然没有学徒育人人才培养模式的具体说法，但在职业教育管理方面的研究成果颇多，主要集中在欧美发达国家。研究主要围绕着职业教育机构教学体系的建立、有效运行机制和管理理念的伦理价值而开展的。比如，对德国的"双元制"教育管理模式，除了一般性的研究外，在 20 世纪 60 年代，对其高等职业技术教育管理问题方面的研究得到了长足的发展。七十年代初期，德国建立职业学院，完善高等职业教育体系。在此基础上，出现了对各类互通式的教育模式、培训与考核相分离等管理方法的研究，这些研究体现了对不同类型的教育之间的相互渗透。比如，德国的哈特曼等人研究了职业教育与学术教育之间的相互渗透性，具体研讨了"基于工作的学习"与"基于工学的研究"在职业教育与高等教育中的实施应用。德国的阿克塞尔等人分析了德国职业教育的主要特征，就是建立工作学习中的简单模型，可以稳定地进行人力资本的累积。其结果是促使政府为学校创立"从工作中学习"的模式投入资金，这发挥着积极的影响作用。国外学者集中探讨了学习情境、校企合作和工作场所学习的关系问题。一些研究表明，作为工作场所的环境，能为学习者提供学习的机遇，但同时也会形成学习上的障碍。因此，提倡学习者应该在不同的组织情境、不同的国家和部门、不同的职业群体中学习。英国的布朗等人探讨了在社区背景下，社会企业的概念的用途，包括在发展技能、扩大参与继续教育、高等教育等方面。该研究基于企业模式，将社会企业与培训公司结合起来，向儿童和成人关怀的环境提供职业培训，帮助成人学习者发展业务运营技能。事实证明，该模式对个体的影响是成功旳。他们服务的对象、社区和所用的企业模式已使国家受惠。该研究还探究了成功的因素，给人们分享了社区学习和技能发展的经验。国外学者还集中研究了校企合作背景下的教学过程，包括对实践性教学的探讨。德国学者克劳斯·贝克指出，这种研究过程是通过所谓的"大趋势"

转变对"工作的领域"产生影响作用，通过了解职业资格获取程序和内容，将学习领域的特殊性的论点纳入考虑的范围之内。德国的彼特·F.E.斯隆研究了德国"双元制"体系的重要体现形式：学习在学校与企业之间的应用与转换的问题，企业和学校间的学习的组织形式，如何使所学的知识应用于实践。美国的高欧和鲁认为合作教育就是要将学术教育与实践经历相结合，为学生将来的职业发展作好充分的准备。他们在关于社区学院的研究中，比较了那些雇佣经合作教育和非合作教育毕业生的成本和收益，研究结果表明，毕业生参与了最新合作计划的更容易找到与其所受教育相关的职位工作，收入也略高。

二、国内职业教育中对学徒制育人模式教学管理的研究

2006年国家实施示范高职院校建设以来，我国高职教育的人才培养模式改革研究进入了新高潮。学徒育人人才培养模式的大力实施，要求各高职院校在教学管理理念、方法等方面作相应的改革，以适应学徒育人的要求，体现高职的特色。为此，一些学者从不同角度对学徒育人教学管理进行了一定的研究。

1. 关于学徒育人教学制度方面的研究

教学制度是实施学徒育人模式的重要保证，近年有部分学者对高职院校学徒育人教制度做了一定的研究，如，戴翔东在《创建高职院校学徒育人教学制度的对策研究》中提出了创建学徒育人教学制度的一些对策与建议，例如：组建专门负责学徒育人工作的组织管理机构、加强学徒育人实施过程的监控与评价、构建合理的教学制度体系框架，并要特别注重学徒育人教学制度的刚性与柔性相结合。赵学昌在《学徒育人教学制度的宏观探究》中指出了学徒育人教学实践中存在的问题，这是学徒育人教学制度设计的现实依据。刘新国在《学徒育人的制度困境及其出路》一文中指出了学徒育人人才培养模式目前在制度方面存在的缺陷，建议通过利益引导，内外相结合的动力机制，通过政府引导、行业指导、校企共同建立规范与效率并重的运作机制，建立职业教育的合同制度和权利保障的长效机制，确保实现学徒育人的培养目标。

2．关于学徒育人模式运行机制的研究

建立完善的运行机制是保证学徒育人顺利实施的前提条件。有学者指出，为了保证学徒育人可持续地发展，应从根本上找准校企合作双方的利益的共同点，实现校企之间的优势互补、互利共赢；胡秀锦则指出，学徒育人教学管理质量和效益的提高，需要建立一系列的保障机制，如用于教学决策的民主开放机制、完善的教学质量监控评价机制、科学的教学管理激励机制等，要以实践为主，建立科学的教学质量管理体系。张成涛指出，目前不健全的运行机制是制约职业教育学徒育人深入发展的一大瓶颈，应当从运行的目标、动力、形式和运行的环境等多个方面着手构建运行机制。

3．实践性教学管理的相关研究

学徒育人模式实施的关键在于实践。实践教学基地是应用型人才培养中必不可少的一项基本的建设，有利于培养学生的实践创新能力，提高校企服务社会的能力。但目前校外实习基地建设仍存在不少问题，有学者指出，这主要是由于学校平时与一些实习基地较少联系，缺乏沟通交流，企业对学校不够了解等等。也有学者指出主要原因是实习地点不固定，实习目的及要求不明确、考核方式单一，管理制度和评价指标体系不够完善等。校外实践教学基地的管理涉及到校企双方的利益，所以这方面的管理比较薄弱。有学者指出，高职院校虽然都建立了校外实践基地，但运行情况不够乐观，实际的利用率比较低，有些是名存实亡，校企双方共同管理实践教学基地涉及到制度、教学和学生等方面的管理问题。加强实践性教学管理是实施学徒育人人才培养模式的关键环节，应重点加强硬件和软件建设。高职实践性教学管理体系由目标、内容、条件保障、考核评价和管理方法这五个部分所组成。

4．学徒育人教学评价方面的研究

目前，校外的专业实习和顶岗实习方面的教学管理还相对比较薄弱，学校通常将校外实践教学基地的工作交由企业管理，评价时自然会遇到不少困难。有学者指出主要问题是：观念落后，不够重视教学评价工作，缺乏监控意识，评价多而监控少，评价模式缺乏针对性，不能抓住高职类专业特点进行合理监控与评价，学校对实践教学的评价方面的研究投入也不够，没有系统的评价与监控机制。实践教学评价包括系统性、目标性、规范性、持续性和可操作性等原则。也有学者提出，教学评价内容要全面，评价主体应多元化。实践教学的评估体系具有复杂性，是综合的指标体系，需要通过科学合理的指标分配，以达到兼顾各方利益。

5. 学徒育人教学方式方法的研究

学徒育人模式下的教学方式方法是当前众多学者研究的重点，学者们通过研究国内外的实践教学，提出了如校企联合办学、顶岗实习、分散实习等一些行之有效的实践教学方式。但不少高职院校对校外实习存在一些错误的认识，如，过于依赖校外实习基地，对合作企业的期望过高，指望企业能够全面参与学校的人才培养。有学者提出，校外教学应该以人为本，充分调动校企双方的积极性，制定合理的教学计划与教学管理制度，并落到实处。肖雪梅等学者针对企业对人才的需求特点，提出了学徒育人实践教学改革的新思路，即坚持以市场的需求为导向，基于职业岗位工作进行专业设置和课程体系建设，积极开展校企合作，建立校外实践（实习）教学基地，以就业为目标，推进校企联合培养或"订单式"教学，加快建设信息化管理平台，强化校外顶岗实习的管理。

第三章 现代学徒模式下的教学管理案例分析——以沈阳职业技术学院连锁经营管理专业为例

第一节 连锁经营管理专业现代发展历程及现状

一、高职连锁经营管理专业的发展历程

中国连锁经营起步于 20 世纪 80 年代初期，从那时开始，连锁便作为一种企业组织形式在我国迅猛发展。根据中国连锁经营协会发布的"中国连锁百强"榜单显示：2011 年，连锁百强销售规模达到 1.65 万亿元，百强企业门店总数达到 55z407 个。同样根据该协会公布的《中国特系经营年度发展报告》，到 2011 年底，全国特许体系已超过 5000 个，加盟店总数达到 50 万家以上，覆盖的行业业态超过 70 个，特许企业直接创造的就业岗位超过 500 万个。鉴于连锁经营逐渐在中国商业领域占据主导地位，每年对人才的需求也在不断增长，高职院校开设连锁经营管理专业的院校越来越多。根据中国高职高专教育网专业设置备案数据显示，2017 年，全国共有超过 300 所高职高专院校开设了连锁经营管理专业。在 2004 年教育部发布的《普通高等学校高职高专教育指导性专业目录（试行）》文件中，在"财经大类"这一类别里，分别有财政金融类、财务会计类、经济贸易类、市场营销类和工商管理类专业，每一种专业门类中又下设分支学科，共 36 个专业。这些专业集体构成了立足于当下的高等职业教育"连锁经营管理"专业，在之后十年间，虽然高职高专专业目录修订多次，但财经大类的专业设置一

直沿用。至 2015 年，教育部印发了《普通高等学校高等职业教育（专科）专业目录（2015 年）》，在新版的专业目录里，原来的财经大类修改为财经商贸大类，下设财政税务类、金融类、财务会计类、统计类、经济贸易类、工商管理类、市场营销类、电子商务类、物流类 9 个专业门类，共 47 个专业。此次的专业目录修订是为了加快发展现代高等职业教育，增强高等职业教育人才培养针对性和适用性，是指导未来数年高职连锁经营管理专业建设的大方向。言而总之，高等连锁经营管理教育在建国后经过数次调整，由倍受忽视到如今快速扩张，其发展轨迹与经济发展水平息息相关。作为专门研究盈利性经营活动及其管理的学科，连锁经营管理与市场活动联系紧密，随着我国社会主义市场经济体系的完善，产业结构的优化升级，高职连锁经营管理专业必然受到重视和欢迎。

二、高职连锁经营管理专业的人才培养现状

连锁经营管理专业与群众生活息息相关，其所在的商贸服务业是促进就业、推动经济结构调整、转变经济发展方式、保障和改善民生的重要产业。大力发展商贸服务业作为我国产业结构转型升级的重要战略举措，得到党中央、国务院的高度重视，国务院提出要推进服务业发展提速、比重提高、水平提升，打造"中国经济升级版"。作为研究企业经营管理的学科，高职连锁经营管理专业必然要适应社会、贴近市场、紧跟时代，因而探索适应市场要求的高职连锁经营管理人才培养模式是经济结构调整、产业迭代升级的重要举措，是新常态下迎接经济环境挑战的重要任务。本节将从总结高职连锁经营管理人才培养的特点开始，厘清现有模式的不足。

（一）高职连锁经营管理专业人才培养特点

高职连锁经营管理是培养现代商贸服务技能型人才的学科，近年来为贸易、金融、电子商务、连锁经营等行业培养了大批应用技术型连锁经营管理人才，充实到商贸服务业的第一线。连锁经营管理专业技能型人才需要掌握商务活动的相关理论，具有企业经营管理能力，具备优秀的职业素养，还要擅长沟通与协作，因此是全方位综合发展的高素质复合型人才。但现实中高职连锁经营管理院校培养的毕业生往往滞后于市场需求，要创

新培养模式，就要对本专业人才培养的特点进行分析。

1. 高职连锁经营管理专业人才培养的特殊性

有学者认为，按照心理学的理论人的技能可分为智力技能和动作技能。智力技能是指在技能活动中要通过制订一定的计划并运用某种理论或策略做出决定，在任务过程中表现出相当的灵活性和变通性。动作技能是指在技能活动中具有重复性质，在各种情景中运用时没有太大变化，体现一种固定的程序或运作方式。将连锁经营管理与工科专业相对比，发现其明显差异是连锁经营管理以培养智力技能为主，工科则以培养动作技能为主。工科专业培养的技能是显性技能，不仅具有重复性，而且可以通过物化的、具象的或量化的标准对学生的技能进行评测。连锁经营管理专业培养的技能则大量是隐性技能，缺少可量化的、标准的评价体系。连锁经营管理专业的特殊性就在于一方面难以为学生提供一整套量化的技能训练指导标准，另一方面也不能及时准确地对学生的技能掌握情况做出量化判断或鉴定。

2. 高职连锁经营管理专业人才培养的灵活性

与工科专业相比，连锁经营管理专业的工作对象主要是人而不是物。高职连锁经营管理专业的毕业生主要从事现代服务业，比如经营管理、电子商务等等。当其面向具体工作时，主要与人打交道，处理的事务具有灵活复杂性。每一个人都是独立的生命个体，他们的家庭背景、教育程度、过往经历以及兴趣爱好都有不同。因此，服务在企业第一线的高职连锁经营管理人才所面临的工作情境也十分复杂。若是讲工科专业人才培养具有标准化、固定化的特征，那么连锁经营管理专业人才培养就有复杂性、灵活性。教师可以教给学生的只是通用理论和基本方法，实际工作中还需要学生根据具体场景进行分析，灵活处理。

3. 高职连锁经营管理专业人才培养的实践性

连锁经营管理专业学习内容随着市场的转变在不停地变换，因此具有很强的实践性。高职连锁经营管理培养的人才要满足企业发展的需要，必须接触大量的、实际的案例，提高操作技能，锻炼问题解决能力。如果学生没有在真实工作情境中学习，必然感到"纸上得来终觉浅"，从而在毕业后适岗能力差，无法快速进入工作状态，影响本职工作。在真实的企业管理实务中，每一次工作挑战都帮助连锁经营管理学生将理论知识进行有效转化，进而积累宝贵经验，这是任何虚拟场景都无法比拟的。所以高职连锁经营管理院校一向注重学生的实践能力培养。

4. 高职连锁经营管理专业人才培养的综合性

高职连锁经营管理人才未来就业方向是商贸业、服务业的基层管理职位，为满足岗位要求，适应企业需要，他们不仅要学习通识课程、专业课程，还要进行跨学科的培养，具备充足的知识储备。因为在企业实际运营中，一线管理者不能仅局限于本专业范畴，必须要跨学科结合各种知识来处理问题。比如市场营销专业的学生，不能只研究市场规律和营销技巧，还要懂得成本核算、利润计算等财会知识，如此才能成功实施营销、达到获利目的。因此，高职连锁经营管理专业人才必然要提升综合素质，以期在企业经营管理中无往不利。

三、高职连锁经营管理专业人才培养存在的主要问题

1. 人才培养目标定位不准确

高职连锁经营管理涉及专业涵盖面广，一般意义上从经济贸易类、市场营销类、工商管理类到财政金融类、财务会计类都属于高职连锁经营管理的培养范畴。每一类别下辖数十个不同的专业，虽然同属连锁经营管理专业，有其内在相似性，但每一种专业的侧重点及其面临的岗位需求都不同。但学校在制定人才培养目标时并未充分了解市场需求，导致人才培养目标定位不准。

2. 专业课程体系设置不合理

大部分高职连锁经营管理类专业的课程体系借鉴了普通本科的设置，通常是大一开设普适性公共基础课程，大二开设连锁经营管理专业理论课程，大三安排学生进行实习。课程体系设置既不能体现高职连锁经营管理专业学习的系统性，又不能体现培养商贸服务业高技能人才的针对性。导致毕业生在知识技能和岗位能力上与商贸企业的要求有较大差距。

3. 师资队伍建设机制不完善

随着商贸服务业的快速发展，高职连锁经营管理院校的办学规模也在飞速扩张，而教师队伍的专业素质却跟不上扩张速度。连锁经营管理专业教师每天疲于应对课堂教学，整体欠缺实践教学经验，参加培训机会少。

甚至一些青年教师尚没有商贸服务业的从业经验，即使是课堂教学，也只能照本宣科，教学效果不佳。

4. 质量评价与监控体系不健全

虽然高职连锁经营管理专业毕业生就业率普遍较高，但依然存在就业首岗胜任能力较差，就业状况不理想的情况。即使大多高职院校对于人才培养质量评价已相当重视，但还是存在行业、企业无法真实有效地参与到质量评价与监控体系中的状况。事实上高职连锁经营管理院校的质量评价与市场反应相脱节，评价方法和监控手段过于单一，对于连锁经营管理专业高技能人才培养产生严重影响。连锁经营管理专业与经济生活密切相关，连锁经营管理人才在工作岗位上不仅面向"物"，更多的是服务"人"，因此人才培养需要具有一定的社会性和灵活性，需要涵盖多种学科，不能局限于校内教学和研究。传统高职连锁经营管理教育培养人才的模式不能适应社会发展的需要，封闭的学校教育难以培养出出类拔萃的创新创业人才。当前有一部分高职院校主动与行业、企业、政府、社会创建联动机制，尝试创新人才培养方式，但在实践中又出现了种种问题，例如人才培养目标定位不准、课程体系设置不科学、教师队伍提升缓慢、忽视自身专业特色、评估手段单一等等。这使得大部分的高职院校连锁经营管理教育还是以传授基础理论为主，忽视实际业务操作能力的培养，高技能人才培养体系不健全。所以在高职院校连锁经营管理专业的人才培养上，亟需一套系统完整的、可操作性强的、可做推广的培养模式。

第二节　高职连锁经营管理专业实施现代学徒制的可行性分析

高职连锁经营管理教育以高素质的技能型连锁经营管理人才为培养目标，因此对社会经济发展变化的敏感性更甚于其他学科。伴随着经济的变化发展，人才结构的市场需求也会随之改变。传统的高职连锁经营管理教育更着重于校内基础理论教学，对于实习实践教学未形成有效的管理机制，因此学生对于岗位特点没有形成直观认识，学生的岗位能力得不到巩固和提升，造成了毕业生初次就业满意度低的局面。我国高职连锁经营管理教育经过多年的探索与实践，呼唤新的人才培养模式出现。有学者认为，所谓现代学徒制，是西方有关国家实施的将传统学徒培训模式与现代职业教育相融合的一种"学校与企业合作式的职业教育制度"，是对传统学徒制的发展。从广泛意义上看，二战以后德国的"双元制"、英国的"现代学徒制"、澳大利亚的"新学徒制"等培养方式，表现为适应现代经济社会发展需求，以校企合作为基础，在国家层面构建的学徒制形态，都可称作现代学徒制。现代学徒制在国家层面上体现为一种制度，在校企实施层面上就是一种人才培养模式。这种职业教育制度很好地实现了企业培训和学校教育相结合（校企合作）、受教育者的工作和学习相结合（工学结合），能有效地帮助学习者学习知识、训练技能、积累工作经验和养成职业态度，适应了现代经济社会对技术技能型人才的需要，因而得以迅速发展。对于商贸类高职院校来说，推行现代学徒制，是从招生与招工一体化、建设专兼结合师资队伍、创新教学管理与运行机制等各个层面来创新办学体制，改革人才培养模式，建立起学业与就业相统一的人才培养机制的重要途径。高职连锁经营管理教育具有服务社会、服务企业的现代化特点，现代学徒制作为一种适应经济发展的新型培养模式，既有将学校和用人单位紧密联系起来的功能价值，亦有符合高职连锁经营管理教育规律的理论基础。

一、高职连锁经营管理专业实施现代学徒制的理论基础

1. 缄默知识理论

英国哲学家波兰尼将人类的知识分为两种，一种是用书面文字或地图、数学公式来表达的，还有一种知识是不能系统表述的，例如有关自己行为的某种知识。如果将前一种知识称为显性知识的话，那么就可以将后一种知识称为缄默知识。缄默知识是一种相对于"显性知识"的概念，它指的是人类知识体系中模糊的无法言传的知识。根据这一知识理论，波兰尼很重视强调学徒制的重要作用。他认为，"一种无法详细言传的技艺不能通过规定流传下去，因为这样的规定并不存在。它只能通过师傅教徒弟这样的示范方式流传下去。"与显性知识相比较，缄默知识不能通过语言、文字或符号进行逻辑的表达。它是非常内在化和本能化的，很难清楚地立即用语

言表达出来。在这个意义的基础上，波兰尼又把缄默知识称为"前语言知识"或"不清晰的知识"，他甚至认为缄默知识是人类和动物共有的一种知识类型，是人类非语言智力活动的结晶；其次，缄默知识也是镶嵌在人的实践活动之中，是情境性的、个别化的，只能在行动中被展现、被察觉、被意会，而不能以正规的形式加以传递，甚至只能通过"学徒制"传递。在这一点上，波兰尼赋予了学徒制独有的教育特点和教学理念。此外，缄默知识是智力资本，是显性知识的基础和根源，因为语言符号的使用，本身是缄默知识在发酵，是一种默会行动。因此，做好缄默支持的教育教学工作，是认识其他表象事物，掌握其他显性知识的前提和必要条件。在高职连锁经营管理专业的教育教学中，既然处于重要地位的技术、能力和实践经验均属于"人类知识总体中那些无法言传或说不清楚的知识"，那么就必须有区别于普通教师课堂授课的方式来匹配这些知识内容的教学。在现代学徒制人才培养模式中，关于工作技能的学习上，与其说师傅用言传来教学，还不如说是让徒弟在操作层面上更多地模仿师傅。身教相对于言传来说有着无法超越的优势，通过企业师傅的操作示范，学生在学习模仿中熟练，在熟练中领悟，可以将晦涩的知识具象化、精细化、显性化，从而真正掌握岗位要求的技术能力。在这一方面，现代学徒制对于高职院校连锁经营管理教育的特点来说，有着得天独厚的适配性。

2. 情境学习理论

情境学习由莱夫和温格两人于 1991 年提出。莱夫和温格等研究者试图突破教育心理学的传统，在生活的具体实践中通过分析人类的学习现象来解释学习的真谛，并由此来研究学校教育中的情境性学习。有学者认为，从本质上来讲，情境学习理论是一种知识观，而知识并非仅仅是对事实或现象的总结阐述，还是基于社会活动的交互，是人类适应环境的一种能力。情境学习理论旗帜鲜明地提出了知识的四种隐喻，即"知识是情境性的"、"知识具有生成性"、"知识具有分布性""知识具有默会性"。情境学习理论强调了在教学中要重视情境性、个体性、实践性，并提出学习是知识的社会协调和创新、是实践共同体中合法的边缘性参与。伴随着情境学习理论的提出，学徒制这种教学方式找到了理论基础，愈发得到重视。

情境学习理论的提出与发展对高职连锁经营管理实施现代学徒制极富

启发意义，学徒制历来以最朴素的方式表达了情境学习理论的一般原则。上文已述，高职连锁经营管理专业的人才培养具有显著的实践性特征，需要学生在真实工作情境下学习，也就是在企业做学徒。在具体操作实践中，学徒曾经学习的知识技能可以及时得到应用与反馈，并且在工作中深化理解、内化认知，建构自己的知识体系，从而获得更高效率、更有质量的学习体验。

情境学习理论关于"知识是情境性的"的内涵表达，阐述了基于真实情境所获得的知识才能丰富人的认知结构，进而生成有效的经验。由于连锁经营管理专业与经济生活密不可分，连锁经营管理学生不仅需要学习脱离了情境的结果性知识，还应当重视过程性知识的获得。生机勃勃的工作世界和学生丰富的实践活动，共同构成了过程性知识的来源。因此，工作场所理应成为高职连锁经营管理学生学习的生态情境，而现代学徒制便是将学习场所与工作场所合二为一的一种培养模式。

情境学习理论关于"学习是情境性活动"的内涵认知，不但要求学生要善于提炼"情境性的知识"，而且要善于在情境中运用已学知识。即不但能"活学"知识，而且能"活用"知识。实际上，对于偏重实践操作能力培养的连锁经营管理教育而言，高职连锁经营管理学生更应该注重知识的转化，着重在实际工作过程中，对知识进行获取、分析、加工和整合，从而不断构建、深化知识。

此外，情境学习理论还显著表现在"缄默"知识以及职业态度的习得上。如果把连锁经营管理专业学生所需要的职业素养看作是一株红柳，那些可言传的知识与技能只不过是红柳露出的少量枝叶。在这株红柳的沙土之下，生长着数倍于枝叶的发达根系，这种力量就是被掩盖的隐性技能。连锁经营管理学生必备的与客户沟通交流的能力、与同事团结协作的能力，都需要经过在情境中潜移默化地习得。当学生参与到现代学徒制中，便可通过观察师傅及其它员工的工作过程，逐渐获得那些重要的"缄默"知识与技能，养成岗位所需要的职业素养，为职业生涯打下坚实基础。

现代学徒制的引入为高职连锁经营管理院校人才培养提供了更为广阔的平台。数年以来，高职院校培养连锁经营管理人才偏重显性知识的教学，运用图表、公式、文字阐释理论知识。这种知识传播方式具有规范化、标准化和系统化的优点，对于培养具备逻辑思维和人文素养的人才有重要意义。但与显性知识相比，商贸服务业所需要的职业技能更明显地具备隐性知识的特征，专业技术的养成多依赖于从业者的经验、经历、感悟，受制于所在企业行业的文化、惯例、规则等，难以用固定的媒介表达出来，传播的范围有限。缄默知识的传授特点使得高职连锁经营管理的职业技能教育面临尴尬的窘境，学校教育重视对理论知识的传授而轻视实践操作，与社会、企业的用人需求相脱节，与职业教育初衷背道而驰。现代学徒制有利于缄默知识的传播，有利于学习情境的建构，能很好地解决职业教育的两难境遇。对于学生来说，这是在真实工作情境中进行技能学习的有效途径；对于企业来说，这不失为一种高性价比的员工培训。现代学徒制所基于的教育学理论基础，为高职连锁经营管理专业人才培养提供了行之有效的方法论。

二、高职连锁经营管理专业实施现代学徒制的必要体现

（一）现代性：校企一体化的人才培养模式

商业虽然是一种历史悠久的古老行业，但却与人们的生产生活密切相关，工业革命开始后，商品经济得到了极大的发展，新的商业模式、商业手段层出不穷。为了培养适应现代社会、拥有岗位能力的技能型人才，现代连锁经营管理教育也要与时俱进，在人才培养模式的开发研究上具有"现代性"。

现代学徒制与传统学徒制相比较，在功能目的、教育性质、制度规范、利益相关者机制和教学组织上都具有与高职连锁经营管理教育相匹配的"现代性"。有学者认为，现代学徒制在功能目的上比之生产性更注重教育性，学徒不再被视为业主或企业的私有物，而是国家公共的人力资源；在教育性质上从"非正规培训"转变为正规职业教育、从终结教育转变为终身教育；在制度规范上有国家法规的保护、国家机构的统筹，也有行业内课程框架的统一和认证资质的通行；在利益相关者机制上，现代学徒制需要政府、企业、产业指导委员会、工会、学校、企业师傅、学校教师、学徒等多方协调、监督，才能实现制约与平衡；在教学组织上也实现了从非

结构化到结构化的转变。现代学徒制强调的是以校企合作为基础的新型技能型人才培养模式，克服了连锁经营管理专业技能型人才培养的问题，是一种实现了校企一体化的人才培养模式。高职连锁经营管理专业人才往往工作在商贸服务第一线，需要具有最新知识理论、最现代化的技能，在培养过程中政府、学校、企业、行业等协调发力才能取得良好成效，这也是现代学徒制之于高职连锁经营管理教育的价值所在。

（二）实践性："做中学"的过程性教学

高职连锁经营管理专业培养的是服务商贸产业的高素质技能型人才，在身处岗位环境时更多的是服务形形色色的"人"，而非无从交流的"物"。面向对象的复杂性决定了高职连锁经营管理人才培养不能仅仅"纸上谈兵"，更多地要深入实践，在工作实践中进行学习。在历史上，学徒制的教学方式始终贯穿着"做中学"，顾名思义，就是在真实工作场景中进行实践学习。在传统学习过程中，学徒边做边学，甚至先做后学，传统学徒制可以说是"做中学"的典型。经过大量的实践操作和反复操练，学徒不仅"会"操作，而且操作熟练。当传统学徒制发展进化成为"现代学徒制"时，必然要具有"现代性"的内涵，也就是从"生产性"转向重视"教育性"，这在前面已有论述。具体到高职连锁经营管理专业的实践教学中，学习者主要通过教授者的言行举止或观察他人的示范性动作，在意识里形成对商贸服务技能的最浅显、粗略的表象感知，来达到知识与技能融会贯通的学习目的。因此现代学徒制进行"做中学"的同时，还要辅以理性的、抽象的理论教育，根本就在于商科专业要求学徒具有综合性的文化知识，理论知识的学习可以提高教学效率，帮助学徒建立职业生涯可持续发展的知识框架，从而具备这一专业的岗位能力。

（三）过渡性：身份的规范重叠过渡

现代学徒制的实施方式使得个体从教育到就业的过渡更为顺畅。在前工业社会，基于学校的职业教育还没有产生，当时的学校教育面向的是贵族子弟，进行的是通识教育，培养的是统治阶级，无关乎职业教育。学徒制是职业教育的唯一形式，是培养工商业者、手工业者的主要方式。因此学徒制天然地与就业系统在很多方面相互重叠。从某种意义上说，传统的学徒制更像是一种就业制度，只是具有职业教育培训功能。所以，当时并不存在从学校教育向就业过渡的问题，学徒从学习到工作也顺理成章。直至到了工业社会，学校教育普及之后，学校的功能才从纯粹的学术教育转为普通教育与职业教育并行。在以学校为主体的职业教育中，学校教育与就业体系是离散的没有重叠的，因此如何从学校教育向就业系统过渡，便成为了一个重要议题，而现代学徒制便成为了解决这一议题的优质方案。曾有学者总结，在当代社会存在着四种由学校到就业的过渡模式，分别是：

（1）直接过渡；

（2）没有规范的过渡；

（3）规范的重叠过渡；

（4）推迟的过渡。

其中，第三种模式被认为是最佳的过渡模式，也就是所谓现代学徒制。因为它在学校教育和就业之间形成了两道门槛，这两道门槛相对较低，从而推进了个体从教育到工作的平缓过渡，减少了就业问题群体的数量。在高等职业教育中，学校需要培养社会急需的高技能人才，体现在当今连锁经营管理专业中，就是要培养适切市场发展的商贸服务类技能型人才。连锁经营管理专业人才所必需的实际操作技能意欲在学校教育中习得，就不免要回到工作场景中学习。这时学校与企业进行现代学徒制合作培养，就能帮助高职连锁经营管理专业学生从学习到工作平稳过渡，在毕业后顺利进入工作状态。现代学徒制中，学徒同时具有"员工"和"学生"的双重身份，员工身份使其接触到工作第一线，学生身份使其受教育权利得到保护，这也是学徒制"现代性"的重要标志。学徒制的"现代性"使得工作现场成为学习的主要场所，有利于高职连锁经营管理专业知识的学习与运用。现代学徒制非常重视学徒培训过程中的能力目标，并非仅仅是知识目标。能力目标主要包括公民社会化能力、言语沟通能力、团队合作能力、复杂任务解决能力，还有最重要的专业技术能力，这些能力都是连锁经营管理专业高技能人才所必需的。重视理论教学的学校教育培养出的高职连锁经营管理专业人才很难达到企业需要的能力目标，而现代学徒制不但是在"做中学"，而且将学校理论教学与企业实践教学进行了有效衔接，帮助学生从学校到就业的平稳过渡。现代学徒制所内含的"现代性、实践性和过渡性",使其具有其他人才培养模式难以取代的功能价值,因而成为高职连锁经营管理教育勇于探索的新范式。

三、高职连锁经营管理专业实施现代学徒制的实践探索

高职连锁经营管理教育要为经济社会发展培养满足企业需要的专业人才,办学理念就要以市场为导向。在我国,教育和企业分属两个不同的系统,二者之间缺乏必要的沟通协作渠道,进而导致学校培养出的毕业生难以满足用人单位的需求。学生从初窥门径到独挡一面,需要一个较长的适应过程。商场如战场,残酷的竞争倒逼高职院校不断探索新的培养模式以适应市场的需求。国家对于职业教育的发展非常重视,2014 年 5 月国务院颁布了《国务院关于加快发展现代职业教育的决定》,该文件指出"坚持校企合作、工学结合,强化教学、学习、实训相融合的教育教学活动,推行项目教学、案例教学、工作过程导向教学等教学模式,开展校企联合招生、联合培养的现代学徒制试点,完善支持政策,推进校企一体化育人。"随后在 2014 年 9 月,教育部发布了《教育部关于开展现代学徒制试点工作的意见》,并在 2015 年 8 月公布了首批现代学徒制试点单位,全国共有 100 所高职院校申报试点成功。国家对现代学徒制高度重视,将传统职业教育与现代学徒制有机融合成为今后职业教育发展的一大方向,此举将推动校企深度融合,提升高职连锁经营管理教育培养水平,为经济发展服务。伴随着国家有关政策的陆续推出,现代学徒制从国家政策层面上得到了肯定,从试点院校层面上得到了推进。

学徒制是一种古老的技能传承手段,现代学徒制与之相比较,在功能目的、教育性质、制度规范、利益相关者机制和教学组织上都具有与高职连锁经营管理教育相匹配的"现代性"。高职连锁经营管理专业具有技能隐性化、过程灵活化的特点,因此本专业学生更需要进行大量的实践培训,以更好地适应学习到工作的转变。连锁经营管理专业现代学徒制人才培养模式应该遵循高职教育的一般规律,首先考虑专业人才目标定位的问题,然后学校与企业在政府和行业的引导下通力合作,共同制定人才培养方案。根据产业发展背景依托国家政策,在借鉴国外成功经验的同时,基于现代

学徒制的理论基础，立足于当下高职连锁经营管理教育的实际，尝试构建高职连锁经营管理专业现代学徒制培养模式的基本框架。

（一）明确高职连锁经营管理专业人才培养目标

现代学徒制强调学校和企业的深度合作，校企双主体共同参与人才培养的全过程。因此在高职连锁经营管理专业人才培养中，首先要清楚连锁经营管理专业的特质，再形成明确的人才培养目标。学校作为人才培养的主体，以教书育人为天然职责，特别是强调应用的职业院校，更注重培养市场需要的人才。因此连锁经营管理院校可主动采取市场调研的方式探寻企业需求，反复论证一线连锁经营管理人才所必需的职业技能和职业素养，与参与现代学徒制的企业共同制定人才培养目标。具体来说，高职连锁经营管理专业培养的是面向商贸服务企业的一线工作人员，既有基层员工，也有管理人才。在现代学徒制的理念下，高职院校要转变教育理念，不能仅以就业为导向，更要关注学生的全面可持续发展，满足学生追求职业理想的需求。因此在制定培养目标时，不仅要适切学生就业首岗要求，也要考虑学生未来职业发展。连锁经营管理专业人才要具备良好的职业能力，在学习专业理论知识的同时，更要重视实践能力、综合素质的培养。其中，企业经营管理的才能是连锁经营管理人才职业发展的能力基础，熟练的服务技巧是其职场成长的关键社交能力，而诚实守信、爱岗敬业的职业道德素养是成为合格人才的根本保证。对于校企双方来说，现代学徒制模式下的连锁经营管理人才培养就要做到以人为本，一方面重视职业能力、关键技能，另一方面注重学生全面素质的提升。

（二）构建高职连锁经营管理专业学徒制课程体系

现代学徒制是一种跨界教育，具有校企双方紧密合作、双主体联合培养的特点。学校与企业应经过一系列调查研究、专家论证，共同构建专业课程体系。商科专业具有特殊性、灵活性、实践性、综合性等特点，连锁经营管理技能型人才需要具备经营管理、沟通协调和诚实守信的职业素养，根据以上特点，参与学徒制的校企双方应共同制定适合各专业特点的人才培养方案，构建专业课程体系。目前情况下，高职连锁经营管理专业课程体系尚未摆脱学科体系的束缚，与本科阶段的课程有相当程度的相似性，无法完全适应现代学徒制的需要。因此课程体系应由学校与企业、专任教师与企业师傅一同设计，适合专业特点、适应市场需要，实现课程体系构建的科学性、多样性。具体可从以下几方面着手：一是整合关键技能课程，做到核心技能课程与岗位职业标准的对接。在此过程中由行业组织牵头，加强学校和企业的沟通与合作，协调各方面信息共享，找准职业核心素能，强化学生经营管理能力。二是设置专业通识课程，提高学生职业迁徙能力，促进其可持续发展。强化服务技能教育，提高学生沟通协调能力。学校可开设礼仪、演讲等课程，同时组织辩论、演讲比赛等活动，促进学生社交能力和沟通技巧。企业可将生产实践经验有机融入到课程体系中，由企业师傅言传身教，提高学徒的可塑性。三是开设素质教育课程，强化学生职业道德素养。素质教育课程着重培养诚实守信、爱岗敬业的职业道德素质，不仅在专业学习中将其贯穿始终，还要专门开设道德教育、人文教育、艺术教育等选修课，全方位提升学生素质，打造模范员工。

（三）设计高职连锁经营管理专业学徒制运行机制

现代学徒制是一种深层次的校企合作，其顺利实施必然离不开企业深度、积极的参与。但企业是生产经营组织，以追逐利润为目标，学校的介入、学生的实践势必都会打乱企业正常经营秩序，所以设计学徒制的运行机制要通盘考虑各方需求，实现培养质量提升的同时，企业利益不受影响。第一，成立由学校领导、专任教师代表、企业管理人员和企业师傅组成的学徒制工作小组。在把握现代学徒制内涵的同时，依据高职连锁经营管理专业的高技能特点，顶层设计运行实施方案，明确各方职责、保护各方利益。第二，实行校企共同参与的弹性管理模式。结合商科专业特点以及企业实际需求，设计从招生到毕业的运行机制。学校招生时即开展学生与企业互选，学校、学生和企业签订三方协议后，学生同时具有员工的双重身份，学校与企业要参与学徒制培训的始终。一方面，校企要共同制定日常运行管理制度，明确各方职责。比如制定学徒工作考勤制度、定期例会跟踪制度、第三方考核评价制度以及学徒工作召回制度。另一方面，校企要共同建设师资队伍。学校教师与企业师傅擅长方向不同，前者普遍学历较高、理论功底扎实，后者实操经验丰富、教学言之有物。教师与师傅应是互通有无、开放合作的关系，比如企业师傅可长期聘为学校兼职教师，学校教师亦可成为企业内训的讲师，教学相长，实现师资资源优化配置。第三，建立多方考核评价体系。校企双方可共同研究，对学徒制实施过程中的考核项目进行细化，各考核标准按照实际工作绩效制定，搭建起学校、企业、学生、教师、师傅多方互评的评价体系，并可引入第三方机构进行跟踪调查。提高教学实施与管理的效率，提升学校、企业、教师、学生的满意度。以往高职连锁经营管理专业人才培养往往有专业特征不明显、培养目标不明确的问题，随着产业转型升级，商贸服务类高技能人才缺口日益加大，在高职阶段实施现代学徒制培养连锁经营管理人才不失为一种解决结构性问题的方法。根据现代学徒制的要求，结合连锁经营管理专业的特点，尝试从培养目标、课程体系和运行机制三个方面构建起培养模式的基本框架，以此对照各试点专业的具体实施，从而总结经验、发现问题。

第三节　高职连锁经营管理专业实施现代学徒制的个例解析——以沈阳职业技术学院

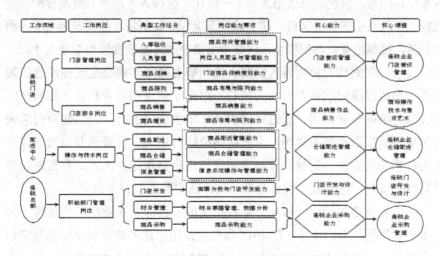

沈阳职业技术学院学徒制连锁经营管理专业培养计划图

一、沈阳职业技术学院连锁经营管理现代学徒制的实践

沈阳职业技术学院连锁经营管理专业系全国较早推行现代学徒制试点高校，在实施现代学徒制以前，施行过一些校企合作的模式，如与不同的行业企业创办订单班，学生毕业后就业有门路，企业用工有保障，取得了预期的效果。以现代学徒制的新标准回望，过往的订单班模式仍是新瓶装旧酒，与"定向班""冠名班"并无本质不同，学校关注更多的是学生的就业率，很少考虑学生在未来职业生涯中的可持续发展，企业则以满足岗位需求为第一要务，并不关心学生以后的职业发展。这种理念下的校企合作，功利主义色彩浓重，缺乏教育的人文关怀。在经济结构转型、商贸服务业升级的大背景下，沈阳职业技术学院依托地方政府、行业协会和职业教育集团等平台，与国内一些零售企业合作开展人才培养，探索现代学徒制的发展道路。比如，面对大卖场课长人才紧缺、流失率高的现状，沈阳职业技术学院与卖场合作开设课长订单，充分利用学校教学资源和企业的人力资源管理优势，根据岗位需求制定更贴近实际的人才培养方案，明确校企双方在人才培养方面的权利、义务与责任，全面推进现代学徒制的开展。面对长期以来困扰校企合作中"学校热、企业冷"的老问题，沈阳职业技术学院在深刻理解现代学徒制的基础上，做了不少探索和尝试，通过在探索校企协同育人机制、推进招生招工一体化、完善人才培养制度及标准、建设校企互聘共用的师资队伍、建立能体现现代学徒制特点的管理制度等方面的创新，提高企业参与积极性，培养市场需要的连锁经营管理专业人才。

（一）探索校企协同育人机制。沈阳职业技术学院立足连锁经营管理特色，形成以商贸服务业专业为核心，以电子信息服务业和文化创意产业专业为特色的专业布局。通过跟国内几大零售公司的合作，这些公司未来几年规划新增百余家大卖场，课长级岗位缺口巨大。促进就业与服务经济的责任感和使命感，促使学校与集团进行校企合作培养人才。贯彻现代学徒制教育理念，进行教学综合改革，构建新型职业教育生态。

（二）招生与招工一体化。学校招生的过程即是企业招工的过程。为培养企业需要的专门人才，在2015届专业招生中沈阳职业技术学院与零售大公司合作开展现代学徒制"课长班"，学校与企业为人才培养双主体，明

确毕业生就业岗位为大卖场课长，在招生之时学生、学校和企业签订三方协议，招生与招工同步进行。学生同时具有企业员工身份，在校学习期间即开始计算工龄，享受劳动法规定的劳动报酬、工伤保险待遇，企业在学生学成毕业后为其补缴社保等相关费用。

（三）课程体系建设一体化。在课程体系的改革创新上，校企双方以店长职业岗位能力培养为主线，以工作任务和工作过程为导向，合作共同构建基于工作任务和工作过程的课程体系，制定课程标准，开发《连锁经营》等5门优质核心课程和基层岗位、主管岗位、店长岗位综合实训3个技能包，合作拍摄《连锁超市岗位操作规范》系列视频教材。企业将生产实践经验融入学校教学课程体系，校企双方共同制定专业课程，设置素质教育课程、专业通识课程、专业核心课程三大课程，构建融专业理论学习、技能提高和综合素质培养三位一体的课程体系。

（四）师资队伍校企共建。学校选拔专业教师，企业提供技术骨干，双方组建起一支高素质、高技能、专兼职结合的开放性师资队伍，专兼职师资融合一体共同制定培养方案、承担授课任务，共育连锁经营管理人才。目前，多名企业讲师已承担校内课程模块的讲授任务，校内专任教师也已成为企业内训的讲师成员，企业师资进课堂、校内教师进企业已逐步成为一种常态。同时，学校开放校内外实训基地，企业提供连锁经营教学场所，实现教育资源的优化整合。

（五）管理评价机制一体化。超市大卖场各级岗位能力标准由沈阳职业技术学院与超市共同研究、制定，学生学业考核标准按照实际工作绩效制定，并且对日常管理制度也按照现代学徒制的要求进行完善。比如在校企合作培养连锁超市大卖场课长的过程中，学校按照现代学徒制的要求制定了"工学结合、岗位轮换、能力递升"的培养模式，实行顶岗实习，与企业一道对学生的学业考核与课长晋升进行一体化评价。为应对产业转型升级、解决结构性矛盾突出问题以及满足市场对于高技能商科人才的需求，沈阳职业技术学院进行试点改革，突出校企的双主体地位，明确学生同时具有企业员工的双重身份，在专兼职双师的联合授业下，培养满足企业当下岗位需求、适应行业长期发展趋势的高素质连锁经营管理人才。学校在现代学徒制试行过程中，取得了一定成效，多位毕业生将成为课长级管理干部，并且可以预见到他们今后将与企业共同成长。

二、沈阳职业技术学院连锁经营管理专业现代学徒制的实践

连锁经营管理专业于 2013 年 11 月启动教育部"职业教育现代学徒制的实践探索——高职连锁经营管理专业"项目，项目实施以来校企双方通力合作，按照预先设计方案逐步推进，取得初步成果。

（一）联合招录，夯实现代学徒制实施基础。沈阳职业技术学院连锁经营管理专业与多家企业开展了现代学徒制高考联合招生。根据企业对于后备片区经理、储备店长的岗位需求，在教育部门招生录取政策范围内，校企共同确定在 2014 年度招录 100 名连锁经营管理专业和市场营销专业人才培养计划并制定招生章程，成立了由学校和企业领导担任组长的联合招生工作领导小组，通过学校招生和企业招聘两方面渠道进行宣传，在招生的同时进行招工面试，学生入学即可具备企业准员工身份。

（二）联合设计，共同制订人才培养方案。因所涉企业为不同行业，经事前与两企业充分沟通，针对不同岗位对连锁经营管理专业的要求，制订了兼顾统一性与差异性的人才培养方案，培养目标和就业岗位的定位更为精准。学校和企业分别进行专业理论知识和技能培训教学，学生岗位技术水平得到保障。另外，为保证学生职业能力，以相关职业资格的取得作为毕业条件，如品类管理师证书、电子商务师证书、职业经理人证书等。

（三）联合培养，形成渐进式实岗育人模式。沈阳职业技术学院实行"循序渐进式"的学徒培养方式，将学习基本分为两大阶段：前半阶段主要在学校学习，企业通过共同开发课程，设置考核目标来参与培养；后半阶段主要在企业培训，学校通过提供专业理论支持参与培养。循序渐进地将企业师傅培训替代学校教师教学，这是基于学校的现实来探索适合中国国情的连锁经营管理人才现代学徒制模式。

（四）联合建设保障机制，整合校企优质资源。为高效利用现有资源，校企双方在双师队伍、课程、实训实习条件等方面进行整合。确定师资选拔标准，建立学校教师与企业师傅"相互学习"和"双向考核"制度。围绕用人单位岗位需求的职业能力构建课程体系。目前为止，校企双方经过沟通，已经对 17 门课程的教学标准进行修订。两家合作企业从数百家门店

中筛选出近百家门店作为实训实习基地，供学生轮岗实训和顶岗实习，为学生商业技能的提升提供了实践场所保障。

（五）联合管理，增强学生作为企业员工身份意识。根据企业对员工形象的要求，学校联合企业制定了员工形象标准，开设商业礼仪课程，学生在学校学习期间即模拟企业运行的管理方式。为了提高模拟的真实性，现代学徒制班推行"校企双班主任制"，除了通常的学校班主任外，还聘请了华恩公司培训经理作为企业班主任参与培训。现代学徒制使产教实现有效融合，将传统的师傅带徒弟形式与现代高校教育相结合，是对校企合作的深化，对工学结合的升华。连锁经营管理专业以校企合作为载体，依托该校连锁经营管理专业，与企业共同探索和实践现代学徒制，对提高职业教育质量、促进教学改革、缩短学生毕业后进入企业工作的融合时间具有重要的现实意义，并在业界赢得了示范性的效果。

三、高职连锁经营管理专业试行现代学徒制的效果分析

沈阳职业技术学院连锁经营管理专业中的先行者，两个专业通过开展现代学徒制人才培养模式，在人才培养方面积累了不少成功经验。经过实地走访调查，发现对于连锁经营管理专业学生来说，现代学徒制的培养模式使得他们尚在学习时便接触到了一线商业事务，连锁经营管理实务的技能积累帮助学生在毕业时已具备与商贸岗位"零过渡"的工作能力；对于企业来说，现代学徒制一定程度上解决了企业的用工难题，与学校联合培养更能有的放矢；对于学校来说，人才培养和师资建设在现代学徒制模式下取得了显著成果，社会评价较高，学校在业界声誉较好。但在取得成果的同时，同样发现一些问题，例如学生的"学徒"身份缺乏法律保障、合作企业实际操作存在阻碍、企业师傅教学中存在困难、学校教师在实践教学中边缘化、学校指导脱离企业培训等等。

（一）试行现代学徒制的成效

1. 学生就业前景良好

现代学徒制在沈阳职业技术学院的实施形式表现为校企合作、订单培养的深化，从招生到教学直至就业校企进行一体化培养。学生在高职连锁

经营管理学校首先完成基础理论知识、岗位技能知识及职业生涯规划的教育，接着进入合作企业成为学徒，在工作过程中学习提升岗位能力，最后完成学校和企业的培养要求顺利毕业，与企业签订劳动合同成为正式员工。相较于高职院校一般的培养模式，现代学徒制具有显著的需求引导特征，企业参与了人才培养的全过程，学生在企业工作中最直观地进行了学习。这种"做中学"的方式不仅使学生得到岗位技能锻炼，还能受到职业素养熏陶，学生毕业后能快速进入职场角色，就业满意度普遍较高。

2．企业用人需求得到缓解

经济的快速发展带来了商贸服务业的兴荣，随着经济结构的转型升级，服务业中高技能人才也成为稀缺资源。由于在高职连锁经营管理人才培养中，普遍存在着理论与实践相脱节、校企合作不深化的问题，造成了连锁经营管理毕业生人数虽多，却无法适应市场需要的局面。在沈阳职业技术学院试行现代学徒制过程中，企业从招生开始直至学徒毕业全方位参与人才培养。深谙连锁经营管理职业特征和岗位需求的企业，根据自身用人需要，量身定制劳动力资源，促使学生毕业后即能上岗，缓解了企业的用工需求，提高了人才利用效率。

3．服务行业、产业能力提升

通过开展现代学徒制，在全国同类专业中起到引领作用。按照实施方案，逐步形成了现代学徒制的培养模式，在人才培养方面为其他高职院校连锁经营管理专业现代学徒制培养与项目管理提供了借鉴。同时也服务了当地就业市场，为经济发展、社会进步做了贡献。

（二）试行现代学徒制的问题

基于现代学徒制的高职连锁经营管理人才培养，一方面能够提高连锁经营管理专业技能型人才的培养质量，有助于受教育者实现更好就业；另一方面能够满足商贸服务业对于连锁经营管理人才系统科学培养的需求，有助于行业企业的发展与成长。但是，高职连锁经营管理专业实施现代学徒制目前仍处于试点探索阶段，伴随着时间的推进和实践的深入，其发展的制约性因素逐渐显现。如果在现代学徒制试点探索中遇到的问题无法解决，那么未来在高职连锁经营管理专业推广这一新型人才培养模式就必然困难重重，类似的问题便会一再出现。据此，在高职连锁经营管理专业探索现代学徒制的过程中，需要经过深层次的剖析，来找到核心的解决对策和有效的完善方案。现代学徒制是各参与方为了实现自身利益最大化而主动参与构建的产物，各个利益诉求主体之间是相互合作又相互博弈的关系，因此可以引入管理学中利益相关者视角来分析高职连锁经营管理教育试行现代学徒制的真正症结，以期找到完善的路径。利益相关者理论兴起于 20 世纪 60 年代，是对"股东利益至上"理论的突破，有效地应对了企业社会责任、企业伦理、环境保护等问题，它最初应用于企业管理领域，后来拓展到社会学、教育学等众多领域，且取得了令人满意的效果。该理论对资本强权论提出质疑，在产权理论、契约理论中寻找结合点和平衡点。利益相关者是一种复杂的社会关系，该理论的重大贡献者——米切尔提出了利益相关者的分类法。他提出，从三个维度判断利益相关者的关系：影响力、合法性、紧迫性，某个人或组织至少符合上述的一个维度，才能称之为该组织的利益相关者。米切尔根据上述三个维度，将利益相关者分为三大类：符合三个维度的，属于确定型利益相关者；符合两个维度的，属于预期型利益相关者；符合一个维度的，属于潜在型利益相关者。

现代学徒制在高职连锁经营管理教育运行中，由政府引导、行业参与、校企双主体育人，属于产权组织与契约组织的结合，并有连锁经营管理学生、连锁经营管理教师、企业师傅等等共同参与，是典型的利益相关者组织。其中，高职院校、连锁经营管理教师、连锁经营管理学生、商贸企业、连锁经营管理师傅属于确定型利益相关者，对其诉求需要给予针对、及时的解决，否则会对组织运行产生不良影响。政府、行业组织、社会属于预期型利益相关者，对其诉求需要给予一定重视。只有最大限度地满足并平衡各利益相关者的需求，现代学徒制的高职连锁经营管理教育试点才能成功，才能继续可持续地发展。

现代学徒制的主要参与者的利益诉求：

（1）商贸业作为现代服务业的一种类型，需要大量技能型人才充实到一线进行商务工作。商贸企业作为经济组织，从直接经济利益出发，选择学徒制主要是为了能够获得企业所需的人力资源，节省人工成本。同时学徒制还可以为企业带来相关拨款等政府支持，除了这些直接经济因素外，学徒制也可以为企业带来良好企业形象及社会声誉等隐性利益。

（2）学生参与现代学徒制的主要目的是为了学得一技之长，力图获得稳定的工资收入与良好的职业前景，此外，学生还可将学徒制项目视为终身教育体系中重要的学习方式，甚至有可能通过学徒制项目通向其他教育轨道。

（3）高职连锁经营管理院校参加现代学徒制的主要诉求是为了全面提升技术技能人才的培养质量和水平，同时还能够节约办学成本，提高师资队伍建设水平并提升职业院校的社会声誉。

（4）政府参与学徒制则主要为了发挥政府作为社会公共利益代表的作用和资源统筹作用，满足社会对学徒培训的"公共需要"，弥补和补充个人家庭、企业单位对学徒培训投资的不足，保证充足的技术技能型人才资源，提高社会生产率，促进经济发展和实现社会稳定。

（5）企业师傅的诉求则主要是为了能够获得额外的经济报酬，除此经济因素之外，还能提高自身在企业或行业内的地位和声望。

（6）行业组织的主要诉求则是通过发挥行业组织在学徒培养过程中监管的作用，确保整个行业内技能传承的有序开展与行业整体竞争力的提升。在基本确定影响现代学徒制构建的利益主体及其诉求后，就可以进一步探讨制约高职连锁经营管理试行现代学徒制的症结所在。就一种合理的模式而言，其构建并不仅仅是由于技术更新迭代而产生的自然演变，更是需要在运行过程中，各利益相关者于互动博弈时达到动态平衡，在该平衡点中各利益相关者的诉求均得到相对最大满足，实现总体利益最大化。高职连锁经营管理专业人才培养运行现代学徒制即要在各利益相关者之间寻求最大公约数的动态平衡，而动态平衡便是连锁经营管理专业人才培养中利益相关者诉求博弈的结果。人才培养过程中充斥着形式多样的劳动政治行为，每个利益相关者为使各自利益得到最大程度的满足，便是现代学徒制实践过程中产生各种问题的根本原因。因此要基于各利益主体的诉求，来分析利益相关者为寻求各自利益而生之抵牾的问题。

四、高职连锁经营管理专业试行现代学徒制的出现的问题分析

（一）权责失衡化

校企双方参与现代学徒制的权、责、利之割裂现代学徒制这一人才培养模式虽然以工作过程为导向来安排教学任务，但在当前语境下更注重其教育的功能，而非生产的功能，因此在高职连锁经营管理院校学徒制的实施阶段，学校的教学指导要贯穿始终，不能与企业相脱离。可是在对两所高职连锁经营管理院校调查中发现，沈阳职业技术学院采用"渐进式"学徒制培养的方式，也就是在招生后的前三学期以学校老师教育为主，后三学期以企业师傅培养为主，学生的实践课程通过校内实训向企业顶岗过渡。学生的学业成绩由学校与合作企业联合考评，学校采取考试、提交项目报告、面谈汇报等方式，企业主要采取师傅带领学生"通关"，最后取得商贸类的资格证书。即使如此设计培养方式，在实际操作中依然出现了种种问题。比如在调查中，当问到"在学校学习的连锁经营管理理论，有多少可以应用到工作实际中？"时，有 118 位学生选择了"几乎没有"和"比较少"，约占总调查人数的 66.3%（如图），这说明学校与企业相脱离，理论与实践相脱节。

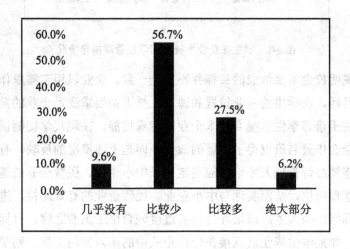

图 3-1　学校理论教学应用于工作实践情况

　　此外，学生在企业学徒期间，学校对之管理也相对松散。调查中当问到"在企业学徒期间，学校老师是怎样指导的？"时，超过半数学生表示是由本人或实习小组长定期返校汇报，仅有 21 人表示实习教师会定期跟踪指导，约占 11.8%，有 52 人表示班主任会定期查访，约占 29.2%（如图 3-2）之所以会出现这种状况，是因为试点院校虽然都设有校企合作办公室，但几位负责老师并不能兼顾到所有学徒制试点专业的管理运行，通常是由各个学院自行监管。学校没有形成完整统一的管理制度，各个学院师资力量有限，缺少专门的企业指导教师。跟踪管理机制存在漏洞，加上学校老师教学科研任务繁重，导致了大部分学生在企业期间脱离了学校的指导。

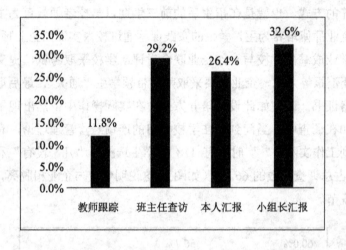

图 3-1　学生在企业学徒期间学校管理指导情况

　　这说明校企所要达成的目标并不完全一致。企业以用工需求作为培养人才的目标，在学生的专业设置和课程安排上都要求满足企业的需求和标准，专注于培养学生掌握专属本企业的特殊技能。在现代学徒制试点过程中，校企合作冠名班取得了不错的效果，即是上述情况的反映。有学者提出高职连锁经营管理人才培养应当定位于中小企业、民营企业的基层岗位和中层管理岗位，从而实现与中小企业、民营企业的有效对接，进而完成培养实际操作型人才。该培养目标有过度迎合用工企业之嫌，目标设置较为狭小。如果学生毕业后直接在合作企业中的实习部门工作，则学生自然能适应企业的要求，顺利完成工作。但如果学生去了同企业的其他部门、其他企业甚至别的行业，则高职期间的学徒制培养即成为无用功。是故，完全按照企业要求培养人才存在"不成功便成仁"的高风险。杜威在20世纪初期意识到，完全按照企业工作岗位的要求来培养人是危险的，教育仅仅聚焦于当前的工作岗位对学生能力的需求必然会使其变为具有机械性、工具性和实用性的狭隘的技能训练。学徒制有可能沦为企业获取廉价劳动力的工具。对此，有的学者提出人的全面可持续发展应该成为职业教育最重要的理念。高职连锁经营管理专业人才培养应体现在市场规律条件下商业活动、经贸活动及营销活动的特征。对于学校而言，教育既需要符合职业教育特征，又具备高等教育层次，但又不同于传统高等教育和学术教育的人才培养。基于此种理念，高职院校在培养连锁经营管理学生的过程中，追求的是摸索连锁经营管理专业高技能人才的培养规律，提升学生商业活动能力，更关注学生掌握适应整个商业经营的通识性知识和职业能力，并同时注重培养学生综合素质。因此，学校对于学生的培养目标势必宽于和高于企业对于学徒的需求，企业培养目标相对学校更具操作性和实用性。在现代学徒制的施行过程中，校企两者目标的不同很可能导致课程设置、岗位安排、培训内容上产生较大分歧，使学生在学校和企业两个阶段被割裂成两部分，不利于人才的培养。对于高职连锁经营管理而言，施行现代学徒制亦应避免只关注学生就业和企业需求，牺牲学生的综合素质培养，正确处理好现代学徒制施行中就业与可持续发展问题。

（二）偷猎外部性：商贸企业参与现代学徒制之风险

在计划经济时代，我国国有和集体大中型企业一直实行传统的学徒制招工模式，学徒成为企业主要的后备技术力量。随着市场经济时代的到来，高等教育逐步从精英化转向大众化，其中高职院校的快速发展，为社会培育了大批高技能人才，企业的招聘形式也随之改变，传统学徒制逐渐被社会公开招聘所取代。企业与雇员双向自由选择是市场经济的一般形式，市场自行调节支配是市场经济的运行规律。但单纯依靠市场调节，有其自身的局限性。如果劳动者选择工作的权利不受任何力量制约，完全自由择业的劳动力市场会使得企业失去参与现代学徒制的积极性。因为同类企业不但在产品市场存在竞争，在人才市场同样存在竞争，所以商贸企业为获取优质人力资源参与现代学徒制，却有被"偷猎"人才之忧。商贸企业参与现代学徒制人才培养，必然要投入一定的培训成本，包括提供场所、聘请师傅、支付学徒工资以及承担学徒因工作不熟练而产生的风险损失。当没有参与学徒制的企业企图从参与了学徒制的企业"偷猎"人才时，实际上就是在盗取参与企业在学徒制培养上的投资，以此来降低自己在员工培训上的成本。从事"偷猎"行为的企业越多，企业参与学徒制培养的成本就越高。企业参与现代学徒制的最大收益就是未来能获得对口优质人才，一旦精心培养的人才跳槽，企业便收不回前期投入，从而大大挫伤其参与人才培养的积极性。以连锁经营管理为例，商品经济的发展带动了商贸服务业的兴盛，全国范围内各类连锁门店如雨后春笋般出现，因此经过现代学徒制培养的高职连锁经营管理人才供不应求，企业之间相互"挖人"的情况十分普遍，连锁店长的离职率很高。所以在高职连锁经营管理实施现代学徒制人才培养取得成果的同时，如何维护参与企业的正当权益，解决企业投资回报的不确定性，是在高职连锁经营管理教育中成功推行现代学徒制的关键。

（三）学徒身份异化

学生参与现代学徒制权利无保障之虞高职连锁经营管理院校实施现代学徒制，是与商贸企业双主体育人的模式，招生与招工的一体化即表示学生也同时具有学徒的双重身份。虽然接受高职连锁经营管理教育的学生在入学之时已年满16周岁，不存在违反《劳动法》第二章第十五条规定"禁止用人单位招用未满十六周岁的未成年人"的情形，但在对的调查中，笔者发现还存在着种种问题。例如连锁经营管理专业实行的是学徒制培养毕业生与培养企业签订正式劳动合同后补发学徒工资的管理模式，所以在问到"在企业工作时，你有没有获得劳动报酬？"时，如图所示，有76人表示不确定，占调查人数的42.7%，而且令人震惊的是仍然有10.7%的学生称没有获得劳动报酬。

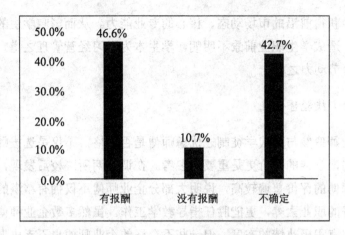

图 3-3　高职商科学生做企业学徒期间获得薪酬情况

　　在调查中发现，高职连锁经营管理学生在学徒制具体实践中，无法与企业签订正式劳动合同，学生的人事关系在教育部门管理，企业所在地的劳动部门无法帮学徒建立劳资关系、社保账号，就更遑论其他福利待遇了。可是如果将学徒与企业签订的培训协议看作是民事合同，势必会埋下更多的隐患。因为学生在企业做学徒期间，既是学习培训，又属于工作过程，学徒与企业建立了事实上的劳动关系。那么假如在工作过程中，学徒与企业在工作环境、劳动条件、工资收入等方面有分歧和矛盾，甚至发生了意外，学徒遭受到人身伤害或死亡，该责任究竟由企业、学校还是学生本人承担，单纯的民事协议显然无法解决。如果高职院校、企业和学生三方在签订的合同中对上述情形进行了责任义务的约定，那又难免出现与现行法律相悖的问题。

　　此外，高职连锁经营管理专业相较于工科专业来说，培养的技能主要以服务、管理等隐性技能为主，培养的人才属于一线经营管理人员，面向的工作服务对象是复杂的人。因而与工科专业显形的、标准化的质量考核不同，高职连锁经营管理专业的质量考核具有难以量化的复杂性。这就为连锁经营管理专业现代学徒制实施过程带来了挑战。商科专业学生在商贸企业工作时，是否进行了必要的轮岗、是否习得了必备的素质，都是难以量化考核的。在现代学徒制的运行中，如果对合作企业缺乏甄选机制，导致企业水平良莠不齐，会出现企业为学徒安排工作岗位时，仅从自身短期利益出发，将学徒安置在最基础的工作环境中，学徒只是机械地简单重复，很难从中获得前沿的市场动态、核心的专业能力。从而影响学生的技能水平提升，造成学生职业前景不明朗，学生本为学习经营管理之道，却面临成为廉价劳动力之虞。

（四）技能替代性

企业师傅参与现代学徒制之忧虑师傅是否合格，不仅是选拔师傅的部门决定的，学徒的评价更是重要的参考。在调查两所院校后发现，学生对于企业师傅的评价普遍较高，说明大部分企业师傅不仅拥有精湛的职业技能，良好的职业素养，更能胜任指导教学工作。虽然多数企业师傅对于教授学徒抱有积极热情的态度，但一些不合格的企业师傅也不乏出现。如图5-4所示，在问到"企业师傅教学指导中存在的最大问题是什么？"时，有37名学生表示"连锁经营管理知识欠缺"，占20.8%，有19名学生表示"服务性技能不够精湛"，占10.7%，有76名学生表示"有技术保留，不愿全部教给学生"，占42.7%，有46名学生表示"教学方法不当，无法领会"，占25.8%。这说明企业师傅存在未尽全力、技术保留的现象，在教学中或多或少都会体现，集中表现在教学方法和教学态度上。

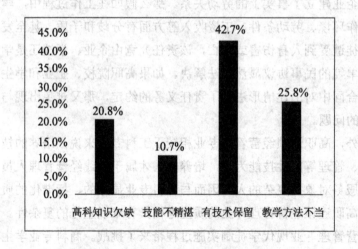

图3-4　企业师傅教学问题情况

那么如何激发企业师傅在技能传承上的积极性便成为重要问题。现代学徒制的一个明显特征为主体具有双重身份，该双重身份不仅是指学生具有学徒和学生的双重身份，还指师傅具有员工和师傅的双重身份。传统学徒制从产生之初即师傅向学徒传授技艺，逐渐演变为现代学徒制后，企业与学校共同培育学徒，学校教育产生越来越重要的作用，实际传授技艺的师傅角色则相对淡化。但是无论如何演化，在企业阶段毕竟是师傅直接承担学徒的培养，师傅在现代学徒制中仍于重要地位，是重要的利益相关者。现代学徒制对于企业师傅的研究多关注于企业师傅的业务能力标准和传授技艺的授业能力。比如，企业师傅无教育经验，对于应该承担哪些育人工作，缺乏相应的训练和认识。有学者提出推广德国的实践做法，明确规定企业师傅必须是接受过职业教育学和劳动教育学的培训，有五年以上工作经验，出身于技术员学校或者师傅学校的毕业生。实际上，现代学徒制实施中对于作为利益相关者的企业师傅的利益诉求较少关注。尽管师傅作为企业员工，从企业利益出发，应积极主动参与学徒的培养，但企业师傅一般是技术骨干和队伍带头人，本身就有本职工作压力，再担负培养学徒的任务势必增加工作压力。再者，如果缺乏对企业师傅的保障措施，在"教会徒弟，饿死师傅"观念的影响下，企业师傅难以积极全面传技授业，前期调查也印证了上述观点。企业试图通过师徒合同，量化技能传授内容，对师徒结对进行相应的经济奖励改善师徒结对的效果，然而理论上市场化的师徒关系结构模型在师徒结对实践中，不但未能重新激发工人师傅技能传授的动力，而且还引发了围绕技能保护展开的利益政治行为。在学生毕业，与师傅在工作岗位形成竞争关系后，如果缺乏对师傅职业安全的保障措施，师傅在学徒培养过程中很可能会有所保留，积极性大为降低。

第四章 基于现代学徒制育人模式的高职院校的课程管理体系的构建

高职院校现代学徒制育人模式课程管理体系应用已经有很长一段时间了，积累了不少实践经验，同时高职院校现代学徒制育人模式出现的问题具有普遍性。要将现代学徒制育人模式完全融合到日常的教学过程中，应该进一步理解现代学徒制育人模式的内在含义，加强教学管理。

这包括高职院校"现代学徒制"外部环境优化、校企合作、现代学徒制育人模式下的教学管理机构的建立，包括课程管理、实践性教学管理、师资队伍管理、教学质量监控等方面的制度和方法。

第一节 优化高职院校"现代学徒制"外部环境

如何更好的优化我国高职院校"现代学徒制"外部环境的相关建议中，要涉及德国"双元制"和澳大利亚"新学徒制"，之所以要引入这两国的经验，是因为这两个国家的"学徒制"是迄今为止最为成熟和成功的，它们能为我国"现代学徒制"的发展提供宝贵的借鉴思路，也要引入我国古老传统"艺徒制"，一方面吸收传统"师徒文化"的精髓，另一方面追根溯源我国职业教育发展的社会文化大背景，为我国"现代学徒制"外部环境保障提供理论和实践支撑。德国"双元制"：德国"双元制"手工业行会学徒制的兴起与中世纪行会的盛行紧密联系起的，家庭作坊是当时手工业的生产组织形式。德国职业教育推行的"双元制"是以企业的培训为主导，以职业学校的教育为辅，企业和学习平行开展的学徒制人才培养模式"双元制"有时又被称为"双轨制"（，其中"双元制"中"一元"代表国家举办的公立职业院校，"一元"代表企业单位，通过学校和企业的密切合作来培养市场所需的专业技能型的人才，保障高技能人才培养的质量，德国的"双元制"将学生在职业学校学到的理论知识和企业所接受的实践锻炼有机结合，培养了大批高素质的专业技能人才。澳大利亚"新学徒制"：年，澳大利亚开始引入"新学徒制"，并在年实行该培养计划，"新学徒制"以全国统一的市场导向下的"培训包"为基础，把实际操作和课程理论有机结合，顺利毕业后颁发全国认可的学历资格证书，包括能力标准、培训标准以及评估标准，其中更注重能力培养，将行业标准纳入课程要求中。这种人才培养模式是澳大利亚政府为了满足经济发展对人才的需求，帮助更多适龄青年和失业者重返劳动力市场的一项重大举措。中国古代"艺徒制"：与西方"现代学徒制"相比，我国古代"艺徒制"产生的更早。原始手工业时期，我国就已经出现了骨器、石器、陶器以及竹木器等各类手工业，随之产生的就是对这些技能的训练和传授。我国古代"艺徒制"训练是对世袭工艺技能传授的一种传承，伴随着封建王朝的覆灭，职业教育开始出现，中国古代"艺徒制"也就走向了没落。"艺徒制"在实施过程中体现出来的"职业实践"、"言传身教"、"能力考评"、"德育观念"等特点至今有深刻的教育意义，可以说，"艺徒制"是中国古代流行最为持久、教育群体最为庞大的一类教育形式。'

我国目前存在两种形式的学徒制，第一种是主要存在于我国农村地区、民族地区以及手工行业盛行区的民间传统学徒制；第二种是一类开展"现代学徒制"人才培养模式的职业院校，这类学校正在逐渐的得到大家的广泛认可。要实现我国职业教育"现代学徒制"的长效发展机制，整个社会系统环境中的政府、企业、行业和社会都要发挥作用，同时更要借鉴西方成功的案例和我国传统"师徒"文化的精髓，推动职业教育尤其是高职教育"现代学徒制"的可持续发展。

一、政府支持

（一）制定政府导向的扶持性政策和校企权责明确的法律条例

国外"双元制"或"新学徒制"的成功模式关键在校企合作上，而校企之间合作成功的关键在于健全的法律制度保障，只有良好的法律和政策环境，才能驱动企业更好的履行在职业教育中的责任和义务。德国年颁布

《职业教育法》是职业培训相关法律中最重要的一部，充分体现了这部法律高度制度化的特点，在《职业教育法》中，"双元制"人才培养模式被容纳到教育体系中，工作场所通过法律形式也得以规范，职业院校的义务教育环节得到各州学校法的规范和保障；企业也按照规定纳入到职业培训中，拥有职业培训的权利，并承担相应的责任。'工德国在企业职业培训和学校教学方面也有详细的法律规定，比如，德国在年颁布的《青年劳动保护法》不仅对接受培训的青年学徒的工作时间、劳动强度和休假作了明确的规定，还具体规范了企业对青年学徒的工资报酬等方面的行为。②此后陆续出台的《企业基本章程法》、《劳动促进法》、《实训教师资格条例》、《关于工商业协会权利的暂行规定的法规》等，为"双元制"职业教育体系在德国职业教育中的重要地位奠定基础。澳大利亚在年制定《新南威尔士学徒法案》，后该法案完善为《新南威尔士学徒法案》，法案中很多关于学徒制的管理模式至今依然在使用，比如，学徒工的年龄不得低于周岁，最高得超过周岁，雇主和学徒行为受培训合同的保护和制约，整个学徒期不能超过年等等。我国古代"艺徒制"的发展与官府的宏观调控息息相关，国家制定的一系列的措施都影响了"艺徒制"的不断发展。比如，当时《均工律》记载的关于学徒学习期限的问题："如先期成业者竭上，上且有以赏之。盈期不成学者，籍而上内史"。由此表明，技工培训期限是年，如提前完成，可接受奖励，如不能按时完成任务，工师与工匠都要接受处罚。我国是政府宏观调控的市场经济体制，不管是从教育制度的角度看高职教育改革，还是从劳动制度的角度看学徒制培训的发展，都少不了以政府为主导的宏观调控政策作保障。我国高职院校"现代学徒制"是教育制度和劳动制度在中国的结合体，是提高高职人才质量，解决就业和推动企业行业技术发展的唯一路径，"现代学徒制"想在中国得到更好更长久的发展，首先要得到政府的充分肯定和支持，如果失去了政府的政策保障，企业对校企合作的尝试也只是为了营造一场社会影响力而已，对这种人才培养模式能否促进企业的经营发展也是半信半疑，因此，政府有责任也义务对校企合作进行严格的监管，强化多数企业的社会参与意识。保障"现代学徒制"人才培养模式的实施更合法、更规范的措施是要形成多元、开放的高职校企合作政策，提高政策执行的理性化水平。"现代学徒制"的实施过程中，学校、企业、师傅和学徒都是权利义务的主体，但实际是，培训合同也仅仅涉及了学校和企业的权益，据实习归校的学生反馈，企业将学徒当做廉价劳动力，对学徒的权益少有涉及。就中国目前的劳动力市场和企业的发展状况来看，要求企业为所有学徒工提供同等水平的工资待遇并不十分现实。因此，要让劳动制度参与到规范学徒工的培训中来，完善法律制度的监督和管理。此外，政府应制定培训计划及相关法令条规，从国家政策的角度确保培训水平，具体内容包括培训组织、培训时间、培训对象、考核标准、信息提供、相关部门沟通与协调等。在考虑我国劳动力供需关系和经济技术发展趋势的基础上，劳动和社会保障部、教育部门要设置相应的管理机构确保中国特色的"现代学徒制"运行的有法可依，能够在实际的推广中发挥更大的价值。

（二）加大对高职教育的资金投入

教育应该是社会的教育和所有人的教育，由于缺乏校企合作的激励机制，尤其是资金方面的支持，企业不愿意参与职业院校"现代学徒制"教学过程，因此校方就很难根据企业的需求来设置教学计划和组织教学活动，这种情况导致"现代学徒制"不能发挥应有的作用，为了解决这些问题，国外采取了具有针对性的对策。比如，澳大利亚在年，联邦政府通过了"学徒制国家支持计划"的方案（这项法案利用财政补贴鼓励雇主对学徒进行为期年的培训并为贫困学徒工提供报酬，自年法案出台以来，短短两年间，的财政资助从万美元升到万美元。为联邦政府财政资助学徒制开辟了先河，在澳大利亚学徒制发展史上具有里程碑式的意义。联邦政府启用即全日制学徒培训联邦同扣计划，希望通过这种方式向雇主提供回扣来弥补培训学徒的成本。对于社会急需的专业，政府采取重点支持，一般来说，政府会通过学员就业率和收入情况来划分等级确定拨款数量。与国外在校企合作方面不吝重金的投入相比，我国政府对"现代学徒制"的重视和资助依然还有相当长一段路要走。建议从以下几个方面着手：

1. 加大对职业教育的政策倾斜力度

职业教育作为一种准公共产品，国家必须拿出专门用于职业教育的实训基地和实习场地建设的费用，或者对企业的经济投入给予税收优惠和其他的扶持待遇，比如，对接受学徒实习、学校教师挂职培训的企业减免税费的征收；对"现代学徒制"实施有显著效果的企业进行财政补贴或奖励。政府要重点支持那些示范类高职院校建设，使之尽早形成产业化规模。

2. 建立"现代学徒制"校企合作的专项基金

政府要对高职院校的专项资产进行分流，用来补偿企业与学校的合作办学，各级政府应当建立职业教育专项基金制度，新建立专门的教育税，凸显职业教育尤其是高职教育的地位和作用，同时，各单位部门可以积极建立职业教育基金，用于技能培训的费用支出。如此，不仅可以让多数企业获得政府的项目和科研支持，更调动了企业参与社会办学的积极性，逐步形成完备的现代职业教育体系。

3. 形成资金投入的市场化运作，形成多元办学格局

现代职业教育的市场庞大，需要政府、主管部门能在财政上筹措一些资金，为学校添置先进实用性的教学设备，但如果完全依靠政策资金的发展，短期内恐怕难以奏效。学校应该主动与企业联营，为企业培养所需要的专业人才，社会技能性培训交由学校完成；企业将部分生产场地或设备转移到学校，充分利用职业教育资源提高经济效益；各地应该有效吸收社会闲散基金，调动融资、社会福利和税收的力量，甚至可以尝试在高职院校建立股份制，引资入校，加快资金投入的市场化运作，实现各方的共赢。

二、企业主导

德国企业高度参与"双元制"人才培养模式，企业培训的主导地位主要体现在企业实习与学校学习的比例为，依靠传授企业实践技能达到学徒们技能提高的目的，在培训实习期间，企业承担学徒工的职业教育成本，如学徒津贴、师傅劳动报酬、教学设备等。澳大利亚最大的特色是与企业联系密切，为保障学校、政府和行业之间的联系，确保的课程符合行业发展的需要，政府开办了"教育就业培训和青年事务委员会"、"国家培训总局"、"行业培训咨询机构"和"州教育服务部"等，国家规定企业必须承担一定的培训责任，如国家政策规定企业必须负担公司收入的的培训费用，对员工进行培训的企业可免缴纳工资税。目前，我国企业不乐意高度配合"现代学徒制"的原因主要在于：受社会资源整合驱动、现实利益驱动和技能需求驱动的影响，企业在面临较高投资风险的时候，会只关注短期的经济效益，缺乏人力资本的投资意识，因此，除了政府要完善法律法规，完善运作机制，强化监督，扩大投资缩小培训成本以外，企业方面需要完善以下几点：

（一）企业要拓展"现代学徒制"人才培养的思路

企业要意识到高职院校的学生，不同于普通高等教育的大学生和普通职业院校的学生，他们不仅仅接受了大学高等教育理论，又掌握了解决技术问题的知识，更初步掌握服务社会的能力，对于企业来讲，应该将这些学徒看做"准技能人才"，对其提供实习和培训的场地或岗位。《国务院关于大力发展职业教育的决定》明确指出，职业院校与企业密切合作的关键在于要依靠企业的力量来发展职业教育，因此，开展校企合作是谋求职业学校和企业共同发展的唯一有效途径。德国企业是职业教育的最直接受益者，究其原因就在于企业对于参与校企合作富含巨大的热情。其实，企业参与人才培养的目的很明确，就是要将用人变为有偿化，从中有利可图，因此，作为企业，就更应该意识到"现代学徒制"的实施就是为了更好促进学校和企业双方的生存与发展，要获得自身长远的发展，只有依靠科学技术和高级技术型人才储备，建立与职业学校双向互动、共同参与和产学研一体化的良性循环模式，此外，学生实习和实训的费用大多不由企业承担，所以并未有太多经济负担的增加，企业可以通过这种方式节约大量的劳动力成本，充分利用学校资源开展对员工培训和生产场地的转移等。

（二）形成现代企业教育制度，构建产业教育集团

不管是从企业内部革新还是外部联合都要适应市场经济的快速发展，从企业本身来说，现代企业教育制度是现代企业制度应对人力资源开发而建立的一种新机制，具有鲜明的时代特征，现代企业教育制度从管理体制、教育理论、培养模式和办学思路等方面出发，与企业的劳动、人事制度、工资福利密切结合，来进一步增强企业教育产品的竞争力和经营水平，提高市场竞争力和经济效益。现代企业教育制度的建立能从根本上形成企业参与"现代学徒制"的内驱力，因此，建立"学习型企业"势在必行。从

企业行业外部联合的角度来看，企业应该按照产业类别以参股或入股的形式实行企业与高职院校的联合，组建企业教育集团，加强企业参与职业教育管理的主动性和积极性，确立企业在其中的"主人翁"地位，实现多元化的人才培养体制。校企双方根据职业教育的人才培养方案，共同制定培训计划，让学生较早的熟悉企业制度合企业文化，增强对企业的认同感，培养团队合作精神，当学生从学校毕业，就能迅速适应社会，适应岗位需求，此外，企业能直接从学校引进人才。大量的实践经验说明，企业参与职业教育集团化办学，可以有针对性的培训学生，建立校企合作的长效机制，为学校、企业、学生和区域经济的长远发展奠定了基础。

（三）企业要树立正确的人才储备观念

从人力资源管理的角度说，只有实现企业与员工双向的满意，才能体现双方的平等。如今我国企业招聘中存在很多人才招聘不当的情况，或专业不对口，或"萝卜招聘"，这种信息的不对称和机会的不均等导致企业针对高职学生的技能培训和实习严重缺位。企业掌握着人才需求的主动权，是人才的接受者，在企业"技工荒"的境遇下，要想拥有适合企业岗位要求的高技能人才，就必须勇于担起培养人才，建立人才储备的义务，学生才是校企合作的"主演"，学生的培养需要校企双方的共同努力，而不能完全归结为职业院校的责任，因此，作为企业，要树立正确的人才招聘观念和储备意识，高度参与学校教学目标和教学内容的设定，根据企业人才需求合理编制年度招聘预算，严格规划招聘计划，形成学校和企业之间内在稳定机制，搭建高效的校企人才培养信息渠道。

三、行业协调

行业组织作为行业整体的代表，发挥组织、协调、服务、监管的作用，充分利用整合优势，最大限度地处理和协调各方主体间的关系，减少"现代学徒制"的运作成本，提高经济效益。在中国古代社会，就有专门的行业机构来监管，比如，唐朝就有专门负责百工技艺传授的部门"少府监"，在管理过程中，"少府监"来制定培训制度，到了宋代还增设了"军器监"。有了专门的组织服务机构，"艺徒制"就能得到更有效实施和监督，各项规章制度也能得到有效落实。在中国古代，官府承担着行业组织的职责，一旦有了官府的参与，各种资源的流通也就更为方便。在当今社会，行业组织主体逐渐多元化，监管范更加广泛而明晰，比如，在德国，联邦政府、州政府、工会组织和行业协会共同协商制定培训条规，学徒在企业实习和培训期间各方都必须严格遵守，这不仅仅保障了学徒工未来的职业发展，更是将学徒工视为一笔潜在的社会财富，而不至沦为廉价的劳动力。

（一）建立沟通利益相关者的交流机制

德国"双元制"是在政府、企业、行业协会、工会、学校的合作基础上建立的，这些组织较全面的代表了"双元制"所有的利益相关者，政府、企业、行业协会、工会、学校在"双元制"实施过程中都扮演了不同的角色，各方之间通过协商的方式对"双元制"的实施达成规范性的意见。在这些利益主体中，行业协会代表企业雇主，工会代表学生，在政府和学校，行业协会和工会之间进行利益的均衡和整合，最终订立一套完整而系统"双元制"人才培养模式的组织和管理方案，所涉及的内容广泛而具体，如学校的教学大纲、职业院校的课程设置、学徒工的津贴发放标准、学业成绩评定及技能水平的考核、毕业论文、企业培训税的征收、培训中心的国家公共拨款等等。③行业协会主要负责制定和修改公司的培训章程；组织行业职业培训考试，并为合格的学徒工颁发职业资格证书。"行业组织可以作为体现政府、企业、学校和学生共同意愿的中介机构，作为各企业或校企之间非政府、非营利性的中介机构，协调职业院校在办学和培养方面的革新，但更多旳是用于协调政府企业之间的利益关系。行业组织可以承担相关的优惠政策，调动企业参与的积极性，同时通过新型行业协会的方式，为沟通政府和企业关系搭建一道更便捷的渠道，及时将问题上传给政府部门，或者下达给各单位。

（二）加强行业资制管理和机制创新

我国行业组织大多不参与教育制度监督管理，可以构建集团组织，通过"现代学徒制"为校企双方搭建合作平台，构建政府企业行业学校市场之间相互合作与监督的良好机制体系，为企业之间寻求产业链合作，更大限度地发挥监管职责，保证校企之间的合作有序进行，促进区域经济一体化发展，维护政府引导下的校企和谐发展。要发展高职教育的"现代学徒制"，行业应该负起引领职业教育发展的责任，以职业和岗位能力为标准，形成各行业间的职业资格体系，形成职业教育的办学依据。对职业资格进行认定和管理是行业间接参与职业教育的一种典型形式，健全的国家职业资格证书体制为高级专业人才未来发展提供更广阔的认证平台，因此完善国家职业资格制度是发展高职教育的关键，由于职业资格制度是国家宏观制度体系，完善职业资格制度需要我国政府、社会各界的广泛介入，在高职教育职业资格的具体认定方面，可以参照澳大利亚教育体系（即简称的做法，将我国职业资格与教育资格统一纳入国家资格框架体系。联邦政府规定，由行业根据国家框架体系负责制定本行业的具体能力标准，集成为"培训包"。"培训包"是一套国家认可的用以确定和评价受训人员技能的职业标准和资格体系，它将行业技能需求与职业教育和培训的目标相结合，成功地解决了职业培训和认证中的能力标准、评价方针以及资格证书认证的条件和标准是否一致问题。②通过行业来加强职业资格认证与管理，是因为行业内部包括了一套市场所需的全部的创新能力体系单元，只有将行业和市场的需求与职业培训结合起来，即能力标准与国家资格证书联系起来，才能使每个单元的知识和能力得以随时的分解量化，将专业教学和课程要求融入到行业和企业的实际需要中来。③因此，政府要根据对高职院校学生的培养要求，将职业技能和资格证书的教育标准融入高职教育的课题中，在制定相关的职业资格认证制度时，要考虑到能力标准是制定职业教育培训的核心，明确相应证书所对应的能力标准，同时要细化行政机关关于职业资格考试的法规，成立由政府部门和行业协会组建的国家职业资格审核机构，而国家资格委员会对负责授予证书的机构进行监控和规范，形成有效的职业资格监督体系。

四、社会认同

（一）继承和发扬中国古代传统的"师徒"文化

教育总是存在于特殊的环境中，存在于特定的文化传统中，职业教育也不例外，在德国的宗教文化传统中，职业是一种"天职"，德国人对职业教育相对推崇，如今在德国古老的市街巷井中，依然保留着最传统的技艺，拥有职业技能的人是受德国公众尊敬的对象，这种特殊的社会文化背景促使德国"双元制"取得如此巨大的成功。虽然在过去的几十年里，"双元制"被多数国家效仿和借鉴，但都以失败告终，最主要的原因在于不同的国度有不同的社会文化背景，社会文化因素对职业教育的影响根深蒂固。中国的"师徒"文化由来已久，古老的"学徒制"是集技能操作和德育素养于一体的全方位人才培养方式。师傅向学徒传授安身立命的技能和生活方面的知识，甚至包括日常劳作，为人处世的道理和品德修养，作为长辈，师傅与学徒之间构成义父义子的关系，学徒通过在实践中不断的观摩和学习，逐渐摸索，领悟专业技术的操作和蕴含的意义。虽然中国古代"师徒"文化带有明显的封建制度的烙印，但对于技艺文化的传承和发扬所作出的贡献却不容忽视，与此同时，学生的职业道德修养在技能的实践活动中得以传授，对学徒的影响也是终身的。因此，中国古老的"师徒"文化精髓值得任何职业院校、现代企业借鉴和学习，要使古老的"师徒"文化在"知本化"的社会中继承和发扬传统功能，就要使之成为现代社会的一种文化符号、一种教育观念的指导思想，而"现代学徒制"的实施和推广正是对传统文化的一种深层次接纳。

（二）加强"现代学徒制"的社会宣传力度

"现代学徒制"虽然在很多地方进行了试点，并取得了不同程度的成功，但依然有很多单位或组织对这种培养模式不甚了解，这就需要营造有利于"现代学徒制"发展的社会氛围。第一，要扩大"现代学徒制"的社会影响力，对于校企合作试点成功的学校和企业通过网络、电视、报纸等媒介进行宣传和推广，提升社会形象和对公众的影响力；第二，在全社会创建一种鼓励技术创新、体现技术价值的激励机制，将"现代学徒制"的成果算入企业和学校的绩效考核中，建立地方各级"现代学徒制"成果奖励机制，从精神和物质上对取得重大成果的人和单位进行奖励；比如，澳大利亚政府鼓励开放学徒培训市场，政府对得到国家培训局认可的企业或个人给予经济扶持，雇主向学徒提供约全部工资的劳动报酬，政府向每一个学徒工提供补助。在政府广泛的宣传和鼓励下，企业会更积极的配合学徒的培训，更好的去选择人才，提高了学徒的就业率，促进了企业的发展，充分发调动了企业、学徒、行业组织和培训机构对职业培训的积极性。第三，加强与国外职业教育的交流与合作，提高"现代学徒制"的特色生存和可持续发展，树立校企合作、中外联合、提高效率的开发办学观；第四，要倡导职业教育终身化。②高职教育的培养目标应该有所优化和提升，不能单一以培养特定岗位上的应用型人才为目标，终身教育理念从源头上改变高职教育的未来发展趋势，只有高职教育做到了人文素养和职业技能的均衡发展，形成"学习工作再学习再工作"的多循环教育发展模式，才能被社会更广泛的接受和认可。

第二节　"现代学徒制"导向的人才培养模式构建策略

中国特色的"现代学徒制"人才培养模式的探索与实践，是在借鉴国外"现代学徒制"人才培养模式的基础上，充分利用"大社会职教"资源，创新内涵建设，加速课程改革，培养高技能技术应用型人才的大胆尝试。它通过"三位一体"的育人模式、"二元合一"的服务管理体系和"四评归一"的考核机制、"多方联动"的保障机制等，构建了一个较为完善的中国特色的"现代学徒制"人才培养模式。

一、践行"三位一体"的育人理念

在国外"现代学徒制"人才培养模式中，注重知识与技能的交替传授，如英国每周中 1 天为理论知识的学习，4 天为技术实践的学习。而中国现在职业教育的通行做法是 2 年在校理论学习，1 年企业实习，其优势是可以集中资源，统一安排。弊端是理论与实践严重脱节。针对国内人才培养存在的问题，并在借鉴西方成功经验的基础上，本文提出了"三位一体"的育人理念。所谓"三位一体"的育人理念是指在"现代学徒制"的人才培养模式中，对于同一个被培养者来说，在 3 年（高中起点的高职院校的学生）或 5 年（初中起点的高职院校的学生）学习的过程中，要在"学校→企业

→学校→企业→……学校→企业"环境的不断变化中，依次经历"学生→
学徒→学生→学徒……学徒 N→+学生 N→+员工"等不同身份的交替转变，
最后才能完成学业，成为用人单位所需要的合格员工的人才培养总体思路。

1. "学生→学生→……学生"的培养模式

"学生"即新入学的学生，主要在学校学习理论模块。在第一个学期，
高职院校主要开设一些公共基础课程（开设的公共基础课程主要有大学生
思想政治教育、大学生简明心理学、大学生社会学、女性礼仪和形象学、
大学生职业指导等课程）和专业基础课程，以重点培养大学生的基本素质
和基本技能。"学生 2"即在经过第一轮企业实习（实践）之后，再次进入
高职院校接受培养的大学生，这个阶段高职院校主要开设一些专业核心课
程，以培养学生的专业技能和专业素质。第二次进入高职院校接受培养的
大学生，由于经历了第一次理论和实践的碰撞，相信一定会有许多问题需
要教师"解疑答惑"，以提高自己的理论水平。"学生"是经过多次工学交
替，即将完成惊险"一跳"，——已经具备企业员工素质的在院校学习的大
学生。反复的企业实践（实习）锻炼，相信大学生已经具备了用人单位岗
位要求所需要的基本知识、基本技能和基本素养。在这个阶段，大学生的
主要任务是总结自己的实践经验，进一步提高理论水平，升华自己。可见，
"学生"虽然在不同的发展阶段都表现为学生，但通过学习正在悄悄的进
行着量的积累，发生着部分的质变。

2. "学徒→学徒→……学徒"的培养模式

"学徒"即经过第一次理论学习，首次进入企业实践（学习）的大学
生。大学生进入企业的主要任务是：了解企业的相关规章制度，熟悉企业
的工作环境，掌握工作岗位需要的基本技能，对企业有个大致的感性认识。
"学徒"即经过第二次理论学习，再次进入企业实践（学习）的大学生。
与第一次进入企业实践（实习）相比，第二次进入企业实践（学习）的大
学生，专业理论知识已经基本具备，他们的主要任务是：验证自己所学的
理论知识；进一步熟悉工作岗位工作技能，实现理论与实践的密切结合。
"学徒"即在高职阶段最后一次，以学生的身份进入企业实践（学习）的
大学生。经过"学徒→学徒……学徒"的多次回炉锻造，相信此时的"学
徒"已经不再是刚刚进入企业的懵懂少年，他们的主要任务是由"技工"

变成"技师"，能够独立的去发现问题和解决问题，撑起企业的"一片天"。"员工"，即经过多阶段的工学交替之后，大学生走向工作岗位，他们的学生身份和学徒身份合二为一，成为企业所需要的"员工"。相信通过"现代学徒制"培养模式造就的大学生，一定是具有较高科学文化知识的技能型人才，一定是具有很强操作技能的应用型人才，甚至是具有宽泛综合能力的复合型人才。

二、构建"二元合一"的服务管理体系

校企两家应该由谁来主导"现代学徒制"人才培养的矛盾已经初步显现。从理论上来讲，学校属于公益单位，职能是为社会，为企业输送人才。但究竟应该输送什么样的人才，应该由人才的使用者——企业来决定。实践证明，由高职院校主导的现行职业教育人才培养模式无异于计划经济时代的"以产定销"，它总会滞后于市场经济的主体——企业的人才需求，是造成企业"招工难"，学生"就业难"的"结构性失业"的罪魁祸首。纵观西方的"现代学徒制"人才培养模式也无一例外是由企业来主导。因此，本文提出构建"二元合一"的服务管理体系。

所谓"二元合一"的服务管理体系是指将高职院校的"元"和用人单位的"元"这个双重培养主体置于企业的管理主导之下，共同服务于高职院校的内涵建设和企业用人需求的长效服务管理体系。高职院校"元"的主要职能是为"现代学徒制"人才培养模式的教育教学改革提供理论支撑；探索基于工学交替模式导向的大学生人才培养方式与基于工作过程导向的专业课程体系建设。同时，还肩负着诸多具体任务，如大学生在校期间的教育教学任务以及在企业实践（实习）期间的理论指导任务。用人单位"元"是指与高职院校签订"现代学徒制"人才培养模式合作协议的用人单位组成。它的主要职能是开放企业内部资源，为学徒提供轮训岗位、技术指导和职业道德示范，并对"现代学徒制"人才培养模式提出积极合理的建设性意见或建议。同时需要注意，构建"二元合一"的服务管理体系中的"一"并不是一家独霸，它需要高职院校"元"与用人单位"元"，相辅相成、紧密合作、共同参与。这主要表现为以下几点：

第一，要求培养单位与用人单位深度合作。所谓培养单位与用人单位

深度合作是相对于培养单位与用人单位浅层次合作来说的，它主要是指培养单位与用人单位以双赢、互利为基础的合作，这种深度合作不仅体现在"链条"拉长上，更重要的是体现在"接触点"增多上，是合作"过程"与合作"结果"的统一体。具体来说，主要包含以下几点：一是以双赢为基础，强调互惠互利。"现代学徒制"以互利双赢为基础，它对于用人单位而言，"可以提前锁定人才，随时招募到可用的高技能型人才，提高现有人力资源的数量和质量，从而减少人力资源成本，解除用人的后顾之忧，增强市场竞争力"；对于培养单位来说，可以"借鸡下蛋"，充分利用企业的机器设备、厂房和专业技术人员等，锻造自己学生，保障学生充分就业、满意就业，提高学院或学校的知名度。二是"链条"拉长，"接触点"增多。"现代学徒制"人才培养模式，采用理论教学与实践教学交替进行的模式，这种教学模式不仅使学生接触自己未来的工作岗位的时间大大增加，而且接触到的企业信息量也会大大增加。三是注重合作"过程"与合作"结果"的统一。也就是说，培养单位与用人单位这种更具体和细致的深度合作，不仅仅关注合作的"结果"，也非常关注合作的"过程"。

第二，要求校企共同开发课程。基于"现代学徒制"导向的大学生人才培养模式，坚持以培养应用型技术人才和高素质劳动者为核心，要求人才培养与市场需求对接、专业与产业对接、课程与岗位对接，以彰显职业教育的特色。其具体做法是：首先，要求用人单位根据实际情况把区域经济发展和市场需要设置的相关专业，肢解为不同的工作岗位。然后，再把每个工作岗位肢解为不同的技能要素。最后，由用人单位会同高职院校、行业和相关社会组织，依据岗位需要的技能要求，开设课程，使课程设置与岗位需求紧密相连。

第三，要求学校教师与企业师傅联合传授。"现代学徒制"的人才培养模式，将活跃在生产一线、建设一线、管理一线、服务一线的高素质技术应用型人才即企业师傅，"请"进了教学领域，并与那些所谓的大学"专家"、"教授"平分秋色，共同教育学生（学徒），指导学生（学徒），从而在授课方式上彻底改写了教师"独霸"课堂教学的历史，所谓院校教师与企业师傅联合传授是指为高职院校的学生配备院校内部及企业内部两类不同的授课者，院校内部的授课者即教师，企业内部的授课者被称作师傅，院校教师与企业师傅把眼光共同聚焦于学生（学徒），他们既分工明确，又协同作战。院校内部教师的主要职责是"对学生进行学习方法的引导、学习能力的锻炼、理论知识的指导及思想道德的培养；企业师傅主要负责对学生进行实践技能提高及职业道德的培养，增加实践认知能力以及适应未来工作的能力。"通过院校教师与企业师傅的联合授课，使学生不仅掌握了理论知识，丰富了实践经验，同时也弥补了传统教学模式中学生"眼高手低"、"只会说，不会做"的"实践"短板，进一步彰显了"现代学徒制"人才培养模式的旺盛生命力。

三、探索"四评归一"的考核机制

基于"现代学徒制"人才培养模式构建的"四评归一"的考核机制，是在借鉴西方评价理论的基础上，并结合中国的实际情况提出来的，它是对多元评价理论的具体运用，充分体现了"现代学徒制"人才培养模式考核机制的公平、公正、科学与合理。所谓"四评归一"的考核机制是指建立由学生（学徒）自我评价、同学（或同事）互评、院校评价、企业评价和行业评价相结合的联合考核机制，以实现"人人有技能，个个有专长"的培养目标。

（一）自我评价

自我评价（self-evaluation）是指大学生（学徒）自身对自己所具备的知识、能力和素质的综合判断和评价。大学生（学徒）通过对自己的科学评价，不仅能够促使自身进行主动地自我验证为其发展提供强大的动力，而且还能够有效地进行自我监督，促进自身的自我发展和完善。在"现代学徒制"人才培养模式的自我评价中，应该注意以下几点：第一，必须为学生（学徒）提供明确的自我评价标准，如知识标准、能力标准和情感态度的标准等，而且要详细具体，以便具有可操作性。第二，必须将阶段性自我评价与结果性自我评价结合起来，切忌笼统性的评价。第三，教师要必须"做好学生（学徒）的思想工作，让学生（学徒）客观、公正地给出自己每个单元学习成绩，使学生（学徒）成绩的自评结果具有较高的可信度。

（二）学生（学徒）互评

学生（学徒）互评（Student & Apprentice Evaluation）是指大学生（学徒）对其他学生（或学徒）所具备的知识、能力和素质给予的综合判断和评价。在"现代学徒制"人才培养模式中积极开展学生（学徒）互评，有利于营造学生（或学徒）之间互相帮助的氛围，形成良性竞争。在"现代学徒制"人才培养模式的学生（学徒）互评中，应该注意以下三点：第一，对于人数较多的班级可以采用分组的方式，如5-8人一组，进行组内互评。第二尽量避免关系特别亲近或者关系特别疏远的人分配在一起进行互评，以避免评价的公平性客观性。第三，要注意引导和心理疏通，"因为有时同学的评价如果过于直接，对他的自尊心和自信心可能是个打击"。

（三）教师（师傅）评价

教师（师傅）评价（Teacher & Master Evaluation）即高职院校教师与企业的师傅对其培养的学生或学徒所做出的总体评价。教师（师傅）评价是"四评归一"考核机制的核心。对于高职院校教师来说，它的作用主要是引导、督促和检验大学生的学习，特别是基础理论的学习，以及培养良好的职业素质等；对于企业的师傅来说，它的作用主要是对学徒所进行的工作岗位技能考核、职业道德考核和关键能力考核等。无论是教师还是师傅在"现代学徒制"人才培养模式中都应该注意以下两点：一是要注重发现每个学生的优点，以鼓励为主，同时注意公平性、公正性；二是不要"用空洞的语句进行点评，还须对知识技能落实的情况进行点评"，让"点评"接地气。

（四）行业（第三方）评价

行业（第三方）评价（Industry & The third Evaluation）即本行业（或第三方）对大学毕业生进行的职业资格等级的鉴定和考核。行业评价是"四评归一"考核机制的落脚点，它对于进一步完善大学生的行业准入制度、促进考核的公正、公开、透明和树立职业资格的权威等方面发挥着重要作用。实施"现代学徒制"人才培养模式，进行行业（第三方）评价，应该注意以下几点：第一，必须首先制定全国统一的职业资格框架体系，作为行业（第三方）的行动指南；第二，转变行业（第三方）现在的僵化的工作作风，督促、激励其探索中国特色的职业资格考试制度；第三，必须赋予行业（第三方）一定权力，主要是刚性化的检查督导的权力，树立其在学校、企业、行业、教师（师傅）、学生及家长心目中的权威，同时研究与学历学位相融通的机制，提高资格考试证书的"含金量"，让它"硬"起来。

四、研究"多方支持"的保障制度

纵观西方"现代学徒制"人才培养模式的成功经验，都有强有力的制度作保障。构建中国特色的"现代学徒制"人才培养模式，可以从组织、法律制度和经费等三方面着手。

（一）建立健全组织保障制度

组织是前提，构建中国特色的"现代学徒制"人才培养模式，离不开组织的保障。关于组织保障建设建议从以下几方面着手：第一，建立类似于西方的全国性组织机构，如"现代学徒服务管理中心"，其主要职能是负责制定全国性的规章制度，用于指导、规范地方的"学徒服务管理中心"的行为；制定全国性的关于学徒制方面的职业资格框架体系，为各地"现代学徒服务管理中心"的教学、管理和考核提供统一的标准、指南；监督各地的"现代学徒服务管理中心"的行为，保障"现代学制"人才培养模式的有效落实。同时，在省（直辖市）、市、县（区）分级建立"现代学徒服务管理中心"，其职能是负责传达"全国现代学徒服务管理中心"的文件精神，并监督本辖区内"行业指导委员会"的行为。第二，建立健全全国性的各行业指导委员会，各行业指导委员会直接隶属于"全国现代学徒服务管理中心"，其职能主要有负责为"全国现代学徒服务管理中心"提供本行业的规章制度草案和职业资格框架体系；监督各地行业指导委员会的职业资格考核情况。同时，在省（直辖市）、市、县（区）分级建立行业指导委员会，其主要职责是开展职业资格考核；监督学校和企业的学习与培训以及"现代学徒制"人才培养模式的执行情况。第三，在学院与参与"现代学徒制"培训的企业中成立"现代学徒制服务管理中"，分别负责教学、管理和考核等相关事宜。

（二）建立健全法律保障制度

　　法律制度是保障制度的核心，构建中国特色的"现代学徒制"人才培养模式，必须有法律制度作保障。从中央来看，主要是要效法西方现代学徒制，做好顶层制度设计，将"现代学徒制"人才培养模式纳入国家发展战略，尽快出台关于现代学徒制的法律法规，以保障学生、教师（师傅）、学校、企业和行业等各方的利益；规范学校和企业招生（招工）、教学、培训和考核等方面的行为；监督学校、企业、行会、全国及各地"现代学徒服务管理中心"和全国与各地行业指导委员的行为。

　　从学校和企业来看，主要是要建立和完善关于"现代学徒制"人才培养模式的相关制度，它主要包括以下四方面的制度。一是校企合作管理制度，如可以出台《现代学徒制合作学院建设与管理办法》、《现代学徒制合作学院董事会章程》和《现代学徒制管理办法》等，以规范学校与行业、企业的合作，保障校企合作的顺利实施。二是专项管理制度，如可以出台《高职院校"现代学徒制"建设项目实施管理办法》，以明确各管理机构的职责，进行奖惩。三是人事管理制度，如可以出台《双师型专业教师队伍建设规划》、《校企互派人员挂职交流办法》和《教师职业能力考核细则》等制度，以完善"现代学徒制"人才培养模式的师资队伍建设。四是教学管理制度，如可以出台《企业实训基地建设与管理办法》、《企业实训基地实习学生管理细则》和《课程教学模式改革的实施意见》等，以加强对学生（学徒）的管理，提高教学质量。

（三）建立健全经费保障制度

　　经费是重要组成部分，构建中国特色的"现代学徒制"人才培养模式，离不开经费的支持。政府和企业是"现代学徒制"人才培养模式的最大受益者，因此从西方来看，"现代学徒制"的人才培养费用主要由政府与企业来承担。如在德国"每位雇主每年向每名学徒投入15000欧元，其中46%作为培训津贴。政府每年对于双元制职业教育与培训的公共支出为59亿欧元，其中，联邦各州为全国1600所公立职业学校提供了32亿欧元的拨款，联邦政府对于学徒制的指导、监控和支持发展投入了 27 亿欧元。"建设中国特色的"现代学徒制"人才培养模式可以效法西方,经费由政府(含中央政府和地方政府)与企业共同承担,如中央政府和地方政府可以按照一定比例向高职院校和各行业指导委员支付经费,企业支付学徒培训的费用。同时还应该根据中国的特点对参与"现代学徒制"人才培养的非国有企业给予税收方面的减免以及政府补贴,以鼓励更多非国有企业的广泛参与。

第三节　构建基于现代学徒制育人模式的课程实施活动管理

　　课程理念、课程设置以及资源开发之后并不意味着学校课程建设就大功告成了,正如古德莱德所说"改革有很多时候被视为失败,其实不然,因为它们从来就未得到实施"即使实施了其课程如何实施可能会有多种多样的样式和相异的结果,由此可见课程实施成为了整个课程建设中的一个实质性阶段。教学是课程实施的主要途径,课程实施的中心环节和基本途径是教师和学生以课程为中介而展开的教学活动,所以课程实施管理主要是对教学活动的管理。课程实施既是将课程方案付诸实践,将理想课程变成现实课程的过程,同时还是一种课程调适、生成、开发和再创造的过程学校课程实施管理的品性与状况不仅关涉到既定学校课程方案的执行,还直接影响到既定学校课程方案实施过程中的调适、生成、开发和再创造。项目课程能否在学校教育活动中得以全面、认真实施关键在于学校层面对课程实施的管理,学校的课程实施管理是整个课程管理系统中最直接、最活跃、最富有成效的关键性环节和基础性层面,研究并加强学校层面对课程实施的管理,树立正确的课程实施管理观,无论对学校课程管理的理论建构还是实践改革而言,都具有异常重要的意义。因此在本章中笔者拟通过项目课程实施过程管理、教师参与项目课程实施管理这两个方面来研究课程实施活动的管理。

一、项目课程实施过程管理

项目课程开发之后接下来的任务就是课程实施，课程实施效果如何将直接决定项目课程改革的成败。因为任何教育思潮和教育理想的实现，必须要落实到课程与教学的层面上来，因此也就必然要体现为一定的课程形态和课程实施方式。当前对于项目课程实施的研究才刚刚起步，主要是高职院校教师在实践层面的探索，新课程模式在实施过程中必然会遇到许多新的问题，因此加强对课程实施的管理这一任务也就提上了日程。在本节项目课程实施过程管理中主要研究项目课程实施模式管理和项目课程实施资源管理。

（一）项目课程实施模式管理

高职院校教师在课程开发环节对于项目课程的理念、项目课程的实施要求已经在理论层面有了深入的了解，然而毕竟教师在实施项目课程这一崭新的课程模式时没有现成的经验可以遵循，在实施过程中必然会遇到许多的问题，在项目课程实施模式管理这一环节中笔者拟通过澄清其中的几个问题来界定学校应该如何对课程实施模式进行管理。

1. 理念项目课程实施理念之管理

在项目课程实施过程中，学校通常的做法是对教师进行项目课程实施理念的培训，多数是通过讲座的形式向教师讲解深奥的项目课程实施理论，但最终效果却不尽如人意，主要就是由于传统的根深蒂固的教学模式在影响着教师。理念的传授要尽量避免变为理论的灌输，笔者认为要想改变这一状况最为有效的方式就是向教师厘清项目课程和学科课程在实施理念上的区别，在对比过程中使教师理解项目课程实施理念。例如可以通过如下表格讲解的方式呈现这两种课程模式实施理念的区别。

表 1　项目课程实施理念与学科课程实施理念之对比

课程实施模式	项目课程实施模式	学科课程实施模式	备注
实施载体	项目课程实施的载体提情境化的活动，围绕活动展开整个教学和学习过程	学科课程实施的载体是系统化的知识，整个实施过程是教师围绕的知识展开	

理实关系	理论与实践是建构的关系，在实践过程中建构需要的理论知识	理论与实践是线性演绎的关系，认为理论是实践的基础	

续表

课程实施模式	项目课程实施模式	学科课程实施模式	备注
教师角色	教师是情境性活动的设计者、指导者、评价者	教师是理论知识的传授者	
实施方式	一般以小组活动为主，教师将学生分为几个小组，通过小组合作完成整个活动	一般以班级授课制为主，在传统的教室内，教师向学生系统讲解理论知识	
实施场所	项目教学教室：理论与实训场所是结合在一起的，（部分高职院校已经实现了教室和实训场所的整合）避免理论与实践的脱节	理论在教室、实践在实训场所，通常相距比较远而且互不干涉	
评价方式	自我评价、小组评价、教师评价；坚持通过完成整个活动的过程评价	理论与实践评价相分离，通常主要通过理论评价为主，评价的方式也是以考试为主	
教学资源	围绕项目的完成，建立专业化的项目教学资源库，便于资源的使用和更新；实训场所更多的是围绕每一个项目的完成来建构，强调整体能力的练习	教学资源是单一的、孤立的，教学资源的选用也主要围绕教师向学生传授理论知识的需要；实训场所更多的是注意单一技能的操作和训练	

  在项目课程实施过程中，高职院校教师要想真正掌握项目课程实施理念首先要解决的问题就是弄清楚项目课程实施理念，而系统掌握项目课程实施理念最重要的就是将其与学科课程实施理念进行对比，在对比的过程中了解其差别和内涵。理解了理念并不意味着操作环节就会得心应手，例如什么样的活动才是情境性活动在整个活动过程中教师如何参与在实施方式中我们强调小组教学，分组的标准又是什么呢接下来将探讨课程实施管理中这些不可避免的问题。

2. 载体情境化活动设计之管理

情境化活动设计是项目课程实施的重要环节，但是通过了解高职院校教师的项目课程实施案例，发现在这一过程中存在许多问题。

1.1 活动之于游戏的区别

我们提出项目课程的实施最重要的是要设计项目化活动，项目化活动贯穿整节课。但是在整个过程中却存在把活动理解为带领学生游戏，任务操作转化为游戏程序。虽然整个过程教师和学生积极参与其中，且氛围活跃，但是整个过程没有达到该项目所要求的目标，与项目课程的本质相背离。情境化活动的首要特征就是典型产品的完成引领整节课，所设计的活动要符合该项目的教学目标，并且完成该活动学生可以获得相应的职业能力。也就是说活动要具有一定的深度，并且和学生该项职业能力的获得相结合。从学生职业能力获得的角度来看，活动的设计是一项极其严肃的事情，并不能将其当作教学游戏来设计。

1.2 活动之于课内的区别

由于项目课程实施探索刚刚处于起步阶段，对于应该如何设计较好的情境化活动教师的思路往往还打不开，所设计的项目活动仅仅集中在课堂内，没有深入的理解项目活动设计的多样性和创造性。许多教师所追求的每一节课完成一项自己所设计的教学活动，其实这就大大限制了活动设计的范围，所设计的活动可以在一节课内完成也可以在几节课内完成同一活动，同时活动的完成也不仅仅只集中在课堂内，校外资源可能更有利于学生完成自己的活动，同时还有利于学生之间的合作和创新。因此教师要充分利用校内外的教学资源，拓宽项目活动的设计思路。

1.3 活动之于实践的区别

对于项目课程实施模式不是特别理解的人可能会产生这样的怀疑，课程实施就是完成整个项目活动，也就是学生进行实践操作，那是不是就否定了传授理论知识的必要呢其实不然，项目活动并不等同于纯实践活动，笔者认为教师应该围绕整个活动的完成来讲解理论知识。首先，当学生在整个操作过程中遇到问题时教师需要引导和讲解其次，在操作的部分环节教师需要进行理论提炼和总结最后，在学生操作结束之后教师需要针对学生的操作情况向学生介绍理论原理，使得学生对整个活动操作理解的更深入。整个过程要求教师把握住理论知识的切入点，提高对整个活动设计的敏感度，这对教师的要求则比较高。当教师完成活动的设计，接下来就应该考虑活动的实施方式了，采取分组教学模式还是传统的班级教学模式呢接下来就这一问题展开讨论。

3. 方式小组化教学活动之管理

项目课程实施与学科课程实施不同，它强调项目活动的完成而不是教师系统向学生讲授理论知识，因此这就决定了最有效的课程实施方式不应该再采用传统的班级授课制，在目前的条件下最有效的实施方式是采用小组化的方式。但是划分小组最为重要的是教师要掌握划分的依据。首先，为确保项目活动的开展并且形成不同学生间稳定的合作伙伴关系，科学分组教师坚持平衡划分原则，即将不同优势、不同能力的学生划分到一个小组，这样有利于学生在项目活动中发挥各自优势，同时便于学生间相互学习、相互合作。

最好不要依据学生的能力来划分，比如能力高的在一组，能力低的在一组，这样容易导致学生差距拉大，同时还会打击能力相对较低学生的积极性。其次，小组规模要做到适中，小组的规模会影响到小组教学顺利的开展，如果一个小组中人数过多，这样就无法保证一个小组中所有成员都能参与到项目活动中去而如果小组中人数过少，则就会形成过多的小组，这样不利于教师的课堂管理以及教学资源的合理分配。因此，小组的规模应该依据项目情况和教学要求来调整。"最后，小组成员要相对比较固定，这样有利于保证成员参与整个项目的完整性，避免成员之间不断的调动，巩固小组成员之间的合作。相比较而言，小组化教学对教师的要求也比较高，增加了教师课堂指导的任务，在整个项目活动进行过程中教师要起到较好的引导作用，同时对每个小组遇到的问题要及时有效的解决。不难看出在整个项目课程实施过程中，教师设计的这些活动案例以及围绕项目实施所组织的这些资源都是极其珍贵的，因此为了保证课程实施的有效进行，我们还有必要对项目课程实施的教学资源进行有效的管理。

（二）项目课程实施资源管理

在本部分所提到的资源管理是区别于在第五章提到的课程资源开发管

理的，前一部分强调的开发适合新的课程模式项目课程模式的课程资源，在这一部分更多的是研究如何管理教师在项目课程实施过程中的教学资源，如适合于某一项目完成的经典案例、课件、实训资源等，对课程实施资源的管理目的是为了提高教学资源的利用效率和保证及时更新。学校课程资源是否围绕着课程实现了整合，直接影响学校的课程实施水平，很多学校存在这样一种现象即学校教师和领导以很高的热情开发了大量的围绕项目实施的教学课件、网络课程、教学素材、电子教案等，建立了大量的素材库、试题库、教案库、课件库，这些资源在一定程度上改善了网络教学资源匮乏的局面。但是这些资源库大多是素材、试题、教案的简单堆积，较少从学习者角度考虑资源的结构编排，缺乏对资源的教学性设计。并且这些资源库也常常是各自为政建设的，缺乏统一的资源分类标准和建库规范，使得建成的资源库之间兼容性差，从而导致了资源的重复建设和大量人力、物力、资金的浪费。应该如何有效的管理教学资源呢笔者认为针对项目课程实施模式来说，最有效和方便的管理方式是建立项目资源库。接下来试论述如何建立项目资源库来管理课程实施资源。

1. 建设项目资源库的意义

所谓项目资源库，就是专业教师围绕每一个教学项目的完成，将所需的教学资源整合在一起，就像一个压缩的项目包，如果条件允许还可以实现项目资源库的网上上传和共享。项目资源库的建立有利于教师的教学和学生的学习，还方便学校对教学资源的管理。

1.1　对于学校来说，围绕项目整合教学资源有利于传统教学资源的拓宽和延伸。在没有进行教学资源整合之前，学校的教学主要围绕着教材来进行，教师上课的依据无非是教材，这是一种单一的教学资源观。通过围绕项目的完成来整合教学资源，使得学校和教师从课程的角度来考虑怎样实施、采用什么样的支撑资源会取得较好的教学效果。这就使得许多素材都纳入了学校课程资源的范围之中，突破了"唯教材"的现象，传统的教学资源得到拓宽和延伸。同时围绕项目的完成来整合教学资源也有利于学校对教学资源的统一管理，可以在项目课程实施过程中及时的实现教学资源的更新。

1.2　对于教师来说，围绕项目整合教学资源有利于教师之间的交流，提高教学效果。教师之间本身就存在一种"专业个人主义",即教师之间是缺乏交流和合作的,每一个教师的任务就是上好指定的课程而已,即使是同科目教师之间也是缺乏交流的。学校通过组织围绕项目的完成来整合教学资源,这就有利于教师之间讨论如何更好的完成这个项目,需要什么样的资源等,众多教师将教学资源集合,这也有利于提高教学资源的质量,优化教学资源结构,达到提高课程实施的效果。同时在整个交流过程中也有利于教师自身的专业成长。

1.3 对于学生来说,围绕项目整合教学资源有利于自主学习的实现。教学资源整合之后,特别是在网络上共享之后,学生可以通过资源的搜索,了解某项目的完成需要哪些课程资源,这些资源的使用顺序是怎样的,对于一些多媒体课件、案例等通过提前浏览达到预习的效果。同时通过学习之后还可以通过资源库中的习题来巩固和测试自己的学习效果,大大提高了学生自主学习的水平。通过建立项目资源库可以发挥教师的集体智慧,整合教学资源,对学生、教师以及学校管理都具有极其重要的意义。接下来将论述应该如何建设学校的项目资源库。

2. 建设项目资源库的方法

项目资源库的建设原则就是以项目活动设计为依据,整合完成活动所需要的教学资源,形成一个完整的项目包,如果条件允许还可以依据需要实现项目教学资源的上传和共享。实现完整的项目资源库的建设主要需要如下几个步骤。

2.1 制作每门专业课程的项目汇总表。

由于项目资源库是以项目为载体来设计的,因此首先需要以专业为单位,汇总该专业内每一门课程中的所有项目,制作完整的课程项目汇总表。由于教师对自己的这门课程最为熟悉,因此这项工作应该是以专业为单位组织教师来完成。其形式如下表格。

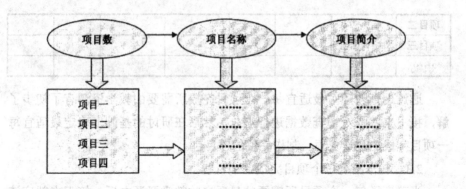

图 5-1 ××课程项目汇总图

接下来就应该是负责该门课程的教师在自身实践以及研讨的基础上，针对每一个项目来讨论完成该项目的经典案例，最有效的支撑资源等，将其整合在一起建立一个个的项目包。

2.2 在调研和研讨的基础上，确定所需求的教学资源。

为了确定哪种教学资源在项目课程实施中效果最佳，教师首先要组织一次调研，初步汇总有效教学资源。首先确定调查对象，教学资源需求分析调查对象主要是教师和学生。教师主要是熟悉本门课程的专业教师，依据平时教学经验以及教育心理学知识等，这些教师可能最了解哪些教学资源易于学习者获得和容易掌握。学生主要是已经学过本门课程的上一级的学生，因为他们结合自己的学习过程，更容易深刻体会到依据什么样的教学资源来传递教育内容更容易使自己接受和学习。其次就是设计调查问卷，来调查每门课程每一专业最适宜的教学资源，其调查问卷的形式如下所示。

表 2 教学资源需求分析调查问卷

课程名称：××

调查目的：为了了解××课程，项目学习过程中最适宜的支撑资源

调查对象：××专业 ××年级学生（××专业教师）

真写方法：选择程度分为 3 级（分别有 3、2、1 来代表），在您认为最适合的课程资源下面填写 3，其次则分别填写 2 和 1。

项目数	教师讲解	多媒体展示	视频	教辅资料	案例讲解	实训	……
项目一							

项目二								
项目三								
......								

通过调查教师对最适宜每一个项目完成所需要的教学资源有了初步了解，接下来就是对调查数据进行汇总，然后在研讨的基础上确定最适宜每一项目完成的教学资源，制作完整的项目包。

2.3 制作围绕每个项目完成的项目包。

当确定了每一个项目所需要的最适宜的教学资源之后，接下来就应该组织教师完成项目包登记表了，即将每一个项目完成所需要的教学资源组成一个小的项目包，项目包中包括完成项目所需要的教学资源、使用注意事项、活动设计过程以及考评等。下表仅供参考，学校可以根据自己的需要来完善为了对教学资源的分类更加的详细，也为了给教学和学习带来方便，学校还可以组织教师进一步对教学资源进行划分，即如下表格所示。

表3 ××课程项目包等级表

项目数	项目名称	项目简介	任课教师	课程资源	活动设计	注意事项	教评	备注
项目一								
项目二								
项目三								
项目四								
项目五								
......								

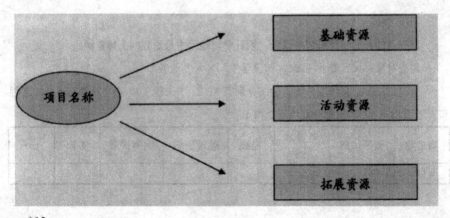

图 5-2　××课程项目与课程资源分类对应图

项目包登记表完成之后，可以说已经建立了初步的课程实施的项目资源库，学校还可以依据自身的条件将项目资源库在网上上传和共享，目的是为了充分的利用资源，同时也有利于资源的更新和管理。在项目课程实施资源管理环节还必须要注意的就是项目资源库建立的原则。首先项目资源库建立的载体是围绕每一个项目的完成其次项目资源库中所有资源的选择都要依据教师在项目教学中的经验以及教学和学习特点来选择，最终目的是有利于学生的学习最后项目资源库的建设不是一劳永逸的，教师在日常的教学中通过对资源的使用以及自己对课程的研究要不断的完善项目资源库，使其形成一种动态管理的机制。通过如上对项目课程实施模式和项目课程实施资源管理研究，我们不难发现教师在这两个环节之中都发挥着主体性作用。教师在项目课程实施过程中会遇到哪些障碍如何有效的帮助教师适应项目课程实施，这些都是非常重要的问题，

二、教师参与项目课程实施管理，

主体性视角下高职院校课程管理研究，其主体性的重要体现就是教师角色的转变，由课程的被动"执行者"转变为"管理者"。在目前条件下，当教师开发出适合自己的项目课程，接下来就面临实施的问题了，从前面的研究也不难看出项目课程实施模式与传统的学科课程实施模式存在很大的区别，教师要适应这种转变需要克服哪些障碍呢要想有效的实施项目课程我们的高职院校教师又应该发展哪些相应的专业能力呢在本章将就这些问题展开研究。

（一）教师参与项目课程实施应克服的障碍

项目课程本身就是对传统的学科课程的一种解构和重构，因此这两种截然不同的课程模式在实施中也是存在较大差别的，这就必然导致我们高职院校教师在实施项目课程过程中存在适应性障碍，了解这些障碍可以为我们提出教师参与项目课程实施所应具备的能力打好基础。富兰认为教师角色的转变包括使用新教材、运用新方法和拥有新观念三个方面。但是在实践情境中我们却发现面对新项目教师不知道如何实施，或者在实施过程

中根本无法取得我们预期的效果。总结原因我们认为教师没有克服原有课程实施模式的"障碍"，其主要表现在如下三点：

1．障碍一克服"无教材"的障碍

从内容层面来看，与项目课程实施模式相比，传统的学科课程实施对教师来说是非常简单的，教师的任务只不过是依据教材中的教学要求将系统的知识传授给学生，所谓教师的备课其实是备"教材"，按照教材的内容安排和进度安排合理的将知识传递给学生，对于教材中的内容教师没有发挥的空间而且也无需发挥。学科课程模式下教师没有参与课程开发，根本不理解课程设计的思路，正如前面提到的他们与课程专家是两个互不交流的系统。因此他们只有"强迫"自己去理解教材，然后将教材知识原封不动的传递给学生，对于为什么要传授这些知识，有没有更好的知识可以取代这些知识是教师根本不去关心的问题，他们认为这超越了他们的关注范围。正如杨启亮所提到的"课程改革启动后的教学实践问题还会有百倍的艰辛，这在很大程度上是基于我国的教学传统。中国教师不仅习惯于执行课程而不是创生课程，同时也习惯于追求教学艺术而不是教学技术，这称得上是保守倾向。"从形式层面来看，学科课程模式下教材的主要内容是理论知识，如果按照知识的表征形式来划分，它们都属于符号化的知识，对于符号化的知识通常采用传递的方式，教师讲解，学生理解。因此在学科课程模式下教师根本不用思考创新的课程实施方式，仅仅采用单一的传授法即可。在学科课程模式下，教师是精通教材计划与教学技能的"合格技术员"，而学生却成了机械与被动的接受者，对于学生从教室走到实训室，面对教师刚刚在黑板上讲授过的设备等却一脸茫然就不足为怪了，正是这种教学方式才导致了这种教学效果。在项目课程模式下情况却是截然不同的，没有固定和统一的教材，课程标准是教师的教学依据。教师再也没有现成的教材可备，更多的是来备课程标准，按照课程标准对知识和技能的要求，来设计教学活动。同时由于项目课程模式下拓宽了对知识表征形式的认识，更多的强调学生职业能力的发展，因此那种照本宣科式的讲授法也已经过时了，需要教师创新教学方法来发展学生的职业能力。对于刚刚实施项目课程的教师来说其遇到的最大的障碍就是感觉上课没有"抓手"，整堂课如何来上全部要自己设计，这其实也大大增加了教师的负担。通过调查了解教师对实施项目课程最大的问题是"感觉开发项目课程教材迫在眉睫，否则感觉上课没有依靠，而且教师的负担太重"。从教师的话中我们也可以看出项目课程实施教师需要克服这种"无教材"的障碍，因为项目课程实施本身就具有极大的灵活性，教师需要依据学生掌握知识和技能要求灵活设计活动并且展开活动。对于活动的设计没有固定的要求目的是为了达到教学目标。在这种状况下教师不应该将"无教材"看作是一种负担，而更多是自身权力的增大，特别是驾驭课程的权力。佐藤学教授在《课程与教师》这本书中也提到"在课程情境中只能靠"教师的课程"一被每一个教师的意图、解释、构想、设计所演绎的课程一来发挥其现实的功能。即便是教科书教材的场合，也是靠教师的解释和儿童赋予其意义的活动来实现其价值的，可以说，"教师的课程"成了教材的功能性价值的决定性因素。即便同一种教材，也是取决于教师、取决于课堂语境能够产生何等程度的多样的实践，这是基于经验的众所周知的事实。

2. 障碍二克服"转角色"障碍

在传统的学科课程模式下，教师是课堂的"主宰者"。上课则可以定义为教师讲授，学生听讲，的时间是教师主宰着课堂"喋喋不休"的向学生传授着教材中的知识，偶尔与学生的互动也显得特别的机械。教师拥有课堂的绝对权威，什么时间讲授什么、什么样的结果是正确的等都是教师在提前的备课中预设好的。课堂成了教师表现自己备课好坏的场所，而学生则成了教师的"陪衬"，正如在原来众多公开课点评中，专家更多的关注的是教师讲得怎么样，站在教师的角度去点评，而没有考虑学生的学习效果。在这样一种学习和教学模式下，学生没有任何展现自己的机会，而且还要学习一些相当枯燥的理论知识，在这种情况下学生产生厌学的心理就不难理解了。对于教师来说由于自己精心"备课"但是教学效果却不尽如人意不免就会挫伤教师的积极性，产生厌教的心理。项目课程模式的推行却改变了这一切，他要求教师由课程的讲授者转变为课程的指导者，还课堂给学生。因为项目课程实施主要是通过教师在课前设计项目活动，课堂则成了教师完成项目活动的过程，在这一过程中教师的任务则是学生参与活动的指导者，学生参与活动情况的评价者。在这一角色转换的过程中许多教师面临这样的困惑"如果不进行系统的讲授学生理解不透彻、感觉在这种模式下教师在课堂中的作用不是特别大等等"。这些其实都是教师对自身角色转换存在的误解。"如果不进行系统的教授学生理解不透彻"且不说原来系统讲授取得的效果如何，教师应该认识到上课的目的是发展学生的职业能力，学生如果能有效的完成项目活动，其自身的能力就已经得到了加大的提高，任何的理论知识的学习都应该是为职业能力的发展服务的。在这种模式下教师的作用不仅没有削减相反对教师的要求却提高了，教师要发挥创造性设计项目活动、要在课堂指导小组活动、对学生遇到的问题要具有较高的敏感度、要把握理论知识传授的有效时机、要对参与活动的情况进行适时的评价等。因此教师只有真正理解了项目课程模式的实施理念，认识到自身在项目课程实施中的作用，才能有效的克服"转角色"的障碍。

3. 障碍三克服"研究型"的障碍

"研究型道路"对高职院校教师来说并不陌生，只不过在传统的学科课程模式下，"教学型"的教师模式逐渐磨灭了教师研究课程的意识，课程实施只不过是将预设的教学内容传递给学生而已，无需研究和创造而且也没有创造的空间。与传统学科课程实施模式不同，在项目课程实施模式下对教师的另一个要求则是从"教学型"走向"研究型"。首先课前教师要研究为了达到学生职业能力的培养应该如何设计本节课的项目活动，项目活动设计最基本的要求就是能够实现教学目标、具有创新性和灵活性，同时项目活动还要能最大限度的激发学生学习的兴趣其次课堂中教师要以研究的心态对待学生在项目活动中遇到的问题，对其保持较高的敏感度并能有效的解决，同时要研究在项目活动的完成过程中应该向学生讲授哪些理论知识，在什么时候讲授等最后教师还要研究如何对学生完成项目活动的情况进行评价，谁来参与评价、评价哪些方面等。同时走"研究型"道路也是教师职业能力发展的重要途径。从以上三个方面不难看出，对于项目课程的实施教师需要从心理上克服如上的三个障碍，教师要精心的设计项目、认真的指导项目、有效的评价项目等这也是接下来在教师参与项目课程实施应培养的能力中涉及的问题。

（二）教师参与项目课程实施应培养的能力

教师克服了如上项目课程实施的障碍，在项目课程实施中是否就能够取得较好的效果呢其实不然，笔者认为教师还需要培养如下三方面的能力。

1. 项目活动设计能力

项目课程实施的关键就是教师对项目活动的设计，项目活动设计的好坏直接决定教学目标能否达到，这一结果进而影响课程实施的效果和学生职业能力的培养。因此在课程实施过程中必须培养的关键能力之一就是教师的项目活动设计能力。笔者认为提高教师的项目活动设计能力应主要从如下几个方面着手。

1.1　能够清晰、准确的把握每一个项目教学目标的能力。主要考虑该目标与课程标准中的课程目标是否相适应，是否清晰的界定了所要培养的学生的职业能力，对于项目教学目标的描述要求和格式在课程开发过程中都有清晰的界定，在此不再赘述。

1.2　能够依据教学目标合理的设计教学过程。主要包括本项目活动的任务描述、能力训练知识学习、活动引入、应知考核和应会考核等。在这一部分中最为主要的是整个项目活动设计要能达到培养学生职业能力的目标，活动太难或太易都会影响学生职业能力的培养。其次教师所设计的职业活动要能够有效的激发学生的学习兴趣，在整个活动过程中要给学生实践和展示的机会，本身高职院校学生对于纯理论的学习就缺乏兴趣，因此在项目活动过程中应该避免这种抽象理论的灌输。再次教学活动的容量要适中，活动设计不宜太大否则会占用太多的课时，同时活动设计也不宜太小这样无法容纳所要学习的内容。最后项目活动设计应该具有较大的弹性，不应该全部在教师预设的范围之内，而应该在课堂中充分发挥学生的创造力和想象力拓展活动。正如艾斯纳所说"良好的课程设计材料的一个作用就是要使教师的教学更自由化，使其具有创造性、灵活性和自信心。教师将项目活动设计好接下就是在课堂中实施了，这就需要培养教师的项目活动指导能力。

2. 项目活动指导能力

项目活动的展开离不开教师的有效指导，可以说整个项目活动实施效果如何教师起着至关重要的作用。笔者认为教师的项目活动指导能力主要体现在如下几个方面。

2.1　正确定位项目活动实施程序的能力。在项目活动实施之前教师首先应该清晰明确的告诉学生项目活动的教学目标以及具体要求和最终所要达到的结果，使学生带着目标和问题展开活动其次教师要将项目活动展开的程序清晰的呈现给学生，使学生对整个活动有一个宏观的了解。

2.2 正确定位自身指导者角色的能力。这一能力的培养其实是极其困难的，受传统学科课程教学模式的影响，教师往往成为课堂的主宰者，整节课都在不停的讲授。因此教师要转换角色定位，做学生活动的指导者，指导学生的操作过程、对学生在操作中遇到的问题及时解决、结项目活动设计过程中的典型问题、并对学生的操作过程进行适时点评等，使课堂成为学生学习的场所而不是教师表现的场所。

2.3 正确把握理论知识讲授时机的能力。项目课程实施主要通过项目活动的完成来展开，但是这并不是要否认教师讲解的必要，项目活动同样需要理论知识的讲解，但是这种讲解需要教师围绕项目活动的实施展开。教师要对整个活动保持高度的敏感，把握好时机在活动中穿插理论知识，一般来说这些理论知识主要是实践操作的原理，目的是为了帮助学生理解操作过程对实践操作的总结问题和经典案例等。在项目课程实施过程中教师还需要培养的另一重要能力则是在整个项目实施过程中对学生学习状态的评价能力。

3. 项目活动的评价能力

项目课程坚持的是一种过程评价模式，要求教师在指导学生参与项目活动的过程中就不断的对学生的学习状态进行评价。笔者认为教师参与项目活动评价需要具备如下能力。

3.1 正确把握评价时机的能力。项目活动实施过程中对学生的评价目的一方面是了解学生的学习状况，更为重要的是起到对学生的鼓励作用，因此在整个项目活动过程中教师要把握住时机，对学生每一次勇敢尝试、创新等适时的进行鼓励，给学生展开活动的信心和勇气，使整节课在一种非常融洽的氛围中展开，避免给学生造成挫败感。

3.2 正确把握评价方式的能力。从评价微观方式来看，在项目活动实施的整个过程中教师评价学生的方式也是多种多样的包括语言的、肢体的等同时从评价主体来看，评价可以采取教师评价还可以采取小组评价甚至是学生自我评价等。

3.3　正确把握评价内容的能力。项目活动实施过程中教师对学生的评价要坚持多元性，不仅表现在学生的具体活动操作环节，学生活动的积极态度、负责精神甚至在活动中表现出的合作等，教师都要对其进行肯定。对操作遇到困难的学生要采用鼓励和帮助的做法，树立学生坚持的信心。从以上不难看出，项目活动的实施对教师的评价能力提出了更高的要求，这种评价不再采用标准化的试卷，而是贯穿在整节课教师和学生的互动过程中。施瓦布的这段话生动且形象的描述了新的课程实施理念下教师角色转换以及能力培养的问题，他说"教师将不会也不能够只是被告知要做些什么—教师无论如何不是生产线上的操作员，也不会如此表现。在实际的教学中，不知有多少教些什么以及如何教的聪明建议，都可以或必须予以调整和变更。教师实践是一种艺术，做什么、怎么做、和谁及应该以怎样的速度等，每天发生数以百计的瞬时抉择，而且是每一天和每一组学生都会发生不同的抉择时刻。没有任何命令与指示能够规划得如此完善，以致能够控制教师的精巧判断与行为，使之经常性的即时抉择，来符合每一个不同情境的需求。"项目课程实施在我国的研究才刚刚起步，因此对其管理也仅属初探，如何从更微观的环节管理课程实施，尽可能使其达到我们课程开发时的标准和要求，依然还需要更深入的探索。依据笔者对课程管理的界定，其管理的对象还包括课程评价和课程监控活动，接下来就课程评价和课程监控管理展开研究。

第四节　加强课程评价和机制建设

依据研究思路中对课程管理的定义可以开出课程管理对象还应该包括课程评价活动和课程监控活动的管理，课程评价是高职院校课程实践和课程改革的核心。只有对课程评价活动本身不断进行规范和管理才能防止评价工作出现偏差并不断改进评价工作，进而促进学校课程的发展。所谓课程监控活动主要是对课程管理活动的一种督导，目的是为了保证课程的有序运行。之所以将课程评价和课程监控活动放在一起进行研究主要考虑二者在课程运行方面都是作为一种手段起到促进课程建设和发展的作用。但是二者在关注的细节方面还是存在区别的，用两句话来概括，课程评价关注的"我们到达目的地了吗",而课程监控关注的则是"我们正在到达目的地吗"

一、高职院校课程评价活动管理

科学的高职课程评价理论决定着高职课程改革和建设的方向,正如劳伦斯斯滕豪斯所说"课程评价本身应该引领课程开发并与之相结合。"因此,对高职院校课程评价活动的管理是提高课程建设质量的重要手段。如何规范高职院校课程评价活动呢在本部分笔者拟通过澄清其中的几个基本问题这一途径来研究高职院校课程评价活动管理。

(一)谁评价莫将多元化单一

当我们研究课程评价时一个不可规避的问题是谁来评价课程呢课程专家学校领导教师学生企业专家等等,可能我们会罗列出一系列与高职院校课程建设相关的人员,我们说他们都可以参与到课程评价的过程中。但是实际情况是怎样的呢这一貌似多元的主体其实主要还是课程专家在发挥着作用,而对课程最为熟悉的教师和学生往往成了被评价的对象。譬如以教育部组织的高职院校精品课程建设为例,虽然说规定的参评主体有课程专家、教师、学生等,但其实最主要的还是课程专家在发挥着决定性作用。规范高职院校课程评价活动必须构建课程评价的多元主体。首先课程专家应该从课程理念的角度来规范学校的课程建设,对其开发和实施进行监督、评价和指导。其次教师是课程建设的主要承担者,教师熟悉课程开发和课程实施的整个过程,特别是对课程所达到的效果最为熟悉,因此应该成为主要的课程评价者。再次学生是教学的主体,能够对课程做出客观的判断,尤其是毕业生,他们是学校与就业市场对接的载体,在经过了整个教学过程之后,他们能够对本专业的课程体系有一个比较全面的认识,学校的课程学习能否满足他们的就业需求在他们的身上能够得到充分的体现。`最后企业专家也是参与课程评价的重要主体,因为他们能从企业需求的角度来评价课程。目前虽然许多学校也吸收了企业专家参与课程,但这种参与基本上还是集中在课程开发环节如课程标准开发环节,在课程评价环节很少有学校能够吸收企业专家的参与。

总之，课程评价的重要性和复杂性必然决定了其评价主体的多元化，我们必须打破课程专家单一评价的局面，走多元化评价主体的道路。

（二）评什么莫将课程化教学

何为课程评价不同的学者从不同的角度对这一概念做了自己的界定。泰勒认为"课程评价是查明已经形成的和已组织的学习经验实际上达到多少预期目标的过程。"多尔则认为"课程评价是一种持久而广泛的努力，以便探索按照明确的目标所使用的教学内容和教学过程的效果。"从这些定义不难看出我们对课程的评价大多都错误的转化为了对教学的评价。其实课程评价和教学评价是截然不同的两个行为，课程评价是教育评价的重要组成部分，是通过系统调查，搜集数据资料，对学校课程满足社会与个体需要的程度做出判断的活动，以此来决定是否或排除或修订某些课程的过程，课程评价是一个过程，这个过程的任务就是搜集证据与提供证据，做出课程的价值判断，这种判断的依据是课程实施的可能性、有效性与课程实施的有效价值。怀特对此所下的定义可能更符合课程评价的本质，他认为"对课程的评价要作广泛的理解，课程评价就是对课程价值的判断，不能把课程评价的意义仅仅局限于按照课程目标对课程做出判断，必须对课程目标本身进行评价。"教学评价作为一项常见的工作，是收集教学各方面的信息，依据一定的客观标准对教学及其效果做出客观的衡量和科学判定的过程，也是对学生通过教学发生的行为变化予以确定的过程，它是教学工作的重要环节。教学整体及教学的每一个方面、环节，都可以成为教学评价的对象，教学评价涉及教学的各个领域教学目标、教学过程、教学方法、教师的教学质量、学生的学习情况和智能发展等。由此不难看出课程评价和教学评价所站的立场是不一样的，课程评价站在课程的角度而教学评价则站在教学的角度上。这必然导致其在评价的主体、评价的对象、评价的目的等方面的迥异，其具体如下表所示。

表 4　课程评价和教学评价对比表

类别	立场	评价主体	评价对象	评价目的	其他
课程评价	课程视角	课程专家、	课程设计、	课程的增删	……

		教师、学生、企业专家等	课程目标、课程内容、课程实施等层面	或调整，做出课程决策促进学校课程建设与发展	
教学评价	教学视角	教务处人员	教学内容、教学安排、教学方法、教学效果	教学方法等改进，目的是使教学内容更有效的使学生获得	……

（三）怎样评莫将过程化结果

　　课程建设是一个系统的工程，而对整个课程建设的评价也是一个系统的过程。由于过去通常将课程评价等价为教学评价，而没有真正从课程的立场上去审视一门课程、评价一门课程。一提到课程评价仅仅从教学效果、学生的学校情况去评判这门课程的好坏，评价的方式也主要是调查、听课、访谈、考试等，结果也仅仅是作为学校调整教学要求、改革教学方法的依据，没有从课程建设的角度来审视应该如何对待这门课程。这种评价方式和结果其实还是受到课程评价等同于教学评价的影响。正如在课程评价的对象中所界定的那样，课程评价将课程作为评价对象，其评价包括课程开发过程的评价如课程定位、课程标准、课程内容等课程实施过程的评价如课程实施理念、课程实施模式、学生学习效果等，通过课程评价不是仅仅要改变教学方式，而是从整个课程运行的视角来修订课程，甚至可以决定课程的增删等。因此课程评价的过程性也是区别于教学评价的过程性的。对于课程评价的过程性和结果性斯泰克举了一个特别的形象的厨师品汤的案例"厨师品尝汤的味道，为的是对汤的味道做出调整，这发生在烹饪的过程中。品汤是为了改善和发展。当客人品汤时，烹饪工作已经结束，这发生在这个过程的结尾。因此，人们能做的只有评价也许除了做些小小的改变，如加一点盐和胡椒粉之外，不能进行其他任何改变。斯泰克进一步指出，问题的关键与其说是"何时"在过程中还是在结束时，倒不如说是"为什么"。正因为课程评价的过程性特点，才决定了我们课程管理者要对整个课程建设实施监控，这也更加决定了我们研究课程监控活动的必要性。

二、高职院校课程监控活动的管理

何为课程监控对于课程监控的研究在我们国家才刚刚起步，部分学者认识到了学校课程监控活动研究的必要性，但是还没有研究何谓课程监控、如何进行课程监控等这些深层面的问题。国外学者斯泰克提出了课程监控的四个维度，可能有助于我们理解课程监控的内涵。他认为课程监控发生在发展中、是一种诊断性和持续性的评估、他的目的是促进专业发展。即发展性、诊断性、持续性评估、专业发展"布赖恩哈迪则从对课程监控进行管理的角度出发提出了自己的见解，他认为监控是一项根据已设定的目标，在定期的、持续的、系统的检查过程中，有计划地搜集有用信息，以采取任何必要行动的常规工作。在他的这个定义中他为自己的概念提出了九个关键词，即有计划、常规工作、搜集信息、定期的、持续的、检查、已设定的目标、行动、根据计划进行调整。通过这两个定义我们不难看出课程监控是对整个课程运作过程进行监督、调控和反馈，以期减少课程运行实际值和期望值之间的差度，使课程朝预期的方向顺利运行。在本文中笔者将课程监控活动作为课程管理的对象来研究，试图从应然层面提出高职院校应该由谁负责进行课程监控活动、课程监控活动的目的是什么、怎样更好地展开课程监控活动进而促进学校课程的发展。前者主要从课程监控的体制层面来讲，后者主要从课程监控的功能层面来讲，因此接下来试从这两个方面展开研究。借鉴本科院校课程管理模式，近几年来我国高职院校也成立了相应的课程监控机构，但是很多监控机构都是附属于教务处的，比如在教务处中分出专门的一个由几名督导员组成的督导机构，负责对学校课程运行工作的督导。但是通过实际的深入了解，在整个课程运行过程中，督导员更多的是在教学环节发挥作用，仅仅就教学计划、教学大纲的制定与修改，各种教学管理方面的规章制度的制定与实施等进行督促和引导，根本没有站在课程的立场上对学校的课程运行进行督导，这样的督导只能称其为教学督导而不能称为课程督导。为了保障学校课程的有序运行我们必须站在课程的立场上对课程监控活动进行管理。

（一）健全高职院校课程监控体制

在本部分提到的课程监控体制主要是从课程监控的主体来谈的。前面也提到过许多高职院校借鉴本科课程管理模式成立了自己的督导机构，目的是为了对学校课程运行进行督导，但是这些督导员主要是从教务处人员中分割出来的，而本身这个督导机构也是从属于教务处的。不难想象这些督导和监控人员只能从宏观层面对学校课程开发、课程实施以及课程评价活动进行督促和检查，它能起到联络院系的中介作用，这种单一的督导体制具有权威性高、信息反映快、问题解决及时的优点，但是也存在其不可克服的缺点，那就是力量单薄，整个学校课程运行的监控任务全都压在了学校几名督导员的身上，同时由于缺乏专业背景，课程督导员很难对具体的专业在课程运行中的问题进行有效监控和管理，这就使得监控比较宏观和泛化，许多深层和细致的问题得不到解决。课程监控的目的就是监督、调控和反馈，为了及时准确的将课程运行中的问题进行反馈和调控，必须改组学校课程监控机构。针对上面存在的问题，部分高职院校已经开始探索新的课程监控体制，尝试建立院系两级课程监控体制。以浙江交通职业技术学院为例，目前学校建立了基于院系两级的课程督导模式。即在学院一级课程督导基础上建立系部二级督导组织。这种二级课程督导模式一是有利于点面结合。解决了院级督导人手不足的问题，有利于建立高职学院督导文化，形成良好的课程督导氛围二是符合权责对等、管理重心下移的原则三是有利于提高课程督导的针对性，建立系部二级课程督导既可按学院督导机构的要求开展工作，又结合了本部门的实际，提高了课程督导的灵活性，有利于及时发现和解决问题四是有利于增进系部管理工作的主动性，由系部负责人、教研室主任和骨干教师组成的系部课程督导组织，开展日常课程检查和专题督察，有助于系部室领导深入了解课程，掌握第一手情况，同时有助于增强骨干教师的荣誉感和责任感，有助于教师相互学习，共同提高。但是对于这种基于院系的两级课程督导模式其在运行过程中应注意以下几点首先，课程监控机构应该独立于教学监控机构。因为二者所站的立场和关注点是不同的，不能简单的让教学督导人员取代课程督导人员，也不能让课程督导机构成为教务处的一个附属机构。为了有效的发挥课程监控的作用，必须成立专门的课程监控机构，由专门的课程督导员组成，使督导员的职能规范化、具体化和固定化。这样才能切实有效的发挥督导员的作用，真正肩负起课程监控的作用。其次，我们应该明白高职院校由于人才培养类型和培养模式的不同，不能像本科院校那样仅仅依靠学校来培养人才，必须吸纳企业参与人才培养过程，这样在课程监控过程中也不能忽视企业在其中所发挥的作用。企业人员对课程的监控涉及到课程开发、课程实施以及课程评价的各个环节。如果缺乏企业对学校课程的督导，就很难保证人才培养的类型、人才培养的规格、人才培养的模式等符合企业的需求，特别是在实习、实训环节更需要企业员工参与指导。从以上两个方面我们不难看出，参与课程监控工作的课程督导员必须是学校一支专门化的队伍，其参与人员也必须是广泛的，既有学校领导人员也包括专业教师和企业人员。

表5　高职院校课程监控体制表

高职院校课程监控体制			
	监控人员	监控功能	监控重点
院一级监控体系	院级	整体性的课程管理与控制（间接影响因素）	课改规划、政策落实等学院宏观领导和监控
系（部）二级监控体系	专业教师	课程运行过程的参与和控制（直接影响因素）	课程开发质量监控、课程实施质量监控、课程评价质量监控
	企业保山	为学校课程运行把关（直接影响因素）	对学校课程内容、实训知件、人才培养等是否符合企业需求规格等进行监督和控制

（二）完善高职院校课程监控职能

课程监控职能即对课程运行过程的监控，因此课程监控应该涉及课程开发活动、课程实施活动以及课程评价活动的各个环节。但是从对当前高职院校课程监控体系的了解来看，课程督导从属于教务处，而其职责范围也仅仅是局限在课程实施领域，这就必然造成对课程开发、设计、评价监控的漠视，而最佳的、理想化的课程监控体制应该贯穿于课程运行的每一环节，而并非仅仅局限在课程实施领域。

　　通过对高职院校教师的访谈我们发现，在学校整个课程开发、课程实施、课程评价过程中，监控功能发挥作用的主要是集中在课程实施环节，具体应该说是教学环节，仅仅是通过各种教学观摩监控教师的教学行为，通过各种标准化的测验监控学生的学习状况。笔者认为教学监控取代课程监控的状况同样与教学论取代课程论研究有关，但是在教学论监控视野下存在众多难以解决的课程问题。当我们将目光仅仅投向教师的教学行为和学生的学习效果时，我们可能会将存在的问题归结为教师的教学方式或者学生的学习效果不佳。其实如果所有的问题我们站在课程的视角来看，不难发现，在实践中表现出来的上述问题实际并不仅仅局限在教学本身，而是存在于整个课程运行过程之中。比如对于普遍存在的学生厌学教师厌教的现象，其问题并不是教师的教学或者学生的学习出了问题，而更重要的是课程本身出了问题，课程开发程序是否规范、开发的课程内容是否符合学生需求、教师的课程实施方式是否符合新课程实施理念等，这些问题在整个课程运行过程中都会浮现，因此我们必须对其进行及时的监控，目的是为了使课程朝我们预期的方向发展。同时职业教育不同于普通教育，它的人才培养需要教学和实训的相互渗透，因此对学生实训过程的参与也是课程监控体系中不可缺少的环节，同时在这个环节中更需要企业的参与。学生的实训条件实训设备的质量、数量等、实训方式等是否达标或符合企业的要求等将直接影响学校人才培养的规格。因此课程监控发生在过程中，是一种持续性和发展性的评估活动。同时我们必须明确的是课程监控是一项精确化和标准化极强的活动，因此在对整个课程运行过程进行监控的过程中，学校课程监控人员必须制定严格的课程监控指标，在整个过程中按照课程监控指标来执行。笔者根据自己的理解所呈现的课程监控示意图如下所示。

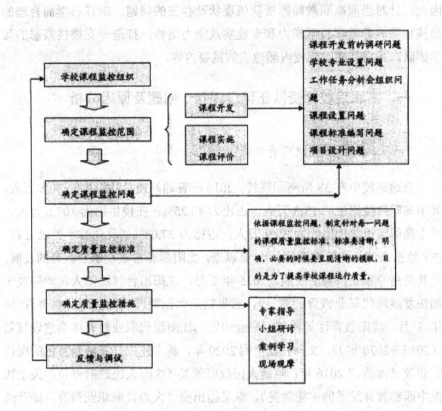

图 5-3　高职院样课程监控示意图

总之，每一次课程改革的推进都关系到学生的前途和学校的发展，同时也会影响教师参与课程改革的决心和信心，因此，为了使本次项目课程改革不再成为课程发展史上的一次"演练"，摆脱原有课程改革的命运，我们必须对课程运行的整个过程进行监控，制定详细的课程开发质量监控体系，提高整个课程开发的质量，并且适时的对所开发的课程进行评价，使得课程改革朝我们期待的方向发展。

第五节　加强师队伍资建设，建立师资队伍管理体系

人才是强校之本，高职院校要提高内涵建设水平，培养适应社会需求的高素质技术技能型人才，关键在于提高教师队伍的整体素质和创新能力。

因此，针对当前高职教师师资队伍现状及存在的问题，制订科学而合理的措施加强教师教育教学能力和专业实践能力培养，打造一支德技双馨的教学团队，是提高高职院校内涵建设的重要内容。

一、高职院校师资队伍建设现状、问题及原因分析

（一）沈阳高职院校师资现状

普通高校中有 38 所高职院校。2016 年普通高校总共招生约 30.5 万人，其中高职院校招生约 13.8 万人，占比为 45.25%；在校生约为 107.6 万人，其中高职院校在校生约为 39.9 万人，占比为 37.08%（具体数字见表 2.1，注：数据来源于沈阳教育厅）。一直以来，沈阳都非常重视职业教育的发展，尤其是高等职业教育的发展。2015 年 2 月，沈阳出台《沈阳人民政府关于加快发展现代职业教育的意见》，意见指出"创新发展高等职业教育"；同年 3 月，沈阳教育厅等六部门联合印发《沈阳现代职业教育体系建设规划（2015—2020 年）》，文件指出"到 2020 年，基本建成具有陕西特色的现代职业教育体系。"2016 年，陕西人民政府颁发《沈阳人民政府办公厅关于加快中西部教育发展的实施意见》，意见指出要"大力发展职业教育，提升高等职业院校基础能力。"这不仅是因为高职院校肩负着为本地区培养技术型人才，推动当地技术创新的重要使命，更是因为其为社会服务的天然职责以及做出的巨大贡献。因此，高职教育为陕西乃至我国西部地区的经济建设以及社会发展都有着极大的推动作用以及支撑作用。高职教育的质量高低，关键就是其师资队伍。目前，沈阳普通高等学校教职工大约有 10.35 万人，其中专任教师约 6.61 万人；成人高等学校教职工大约 2797 人，其中专任教师有 1509 人。制约师资队伍建设的要素诸多，有男女比例、老中青教师比例、学历及职称结构、工作待遇满意度、教师培训经历、专兼职教师的数量等因素。

（二）高职院校师资队伍建设存在问题

1. 教师队伍数量不足

职业院校师资总量不足一直是职业教育师资队伍建设的一大问题，近

年来，该问题得到了一定改观，但距国家规定的 18：1 生师比的标准还相差很远。近年来，随着我国经济发展的转型，尤其是从"中国制造"到"中国智造"，从"工匠精神"的弘扬，我国高职教育的发展就像乘上快速列车一样。截至 2016 年，我国已有 1300 余所高职院校，在校学生规模更是达到 970 多万人，占据我国高等教育学生数量的 40%左右。但是，我国高职教育教师队伍建设尚不完善，跟不上国家和社会快速发展的要求，这主要是教师队伍数量还没有完全达到要求。教育部颁发的《普通高等学校基本办学条件指标（试行）》中，对高职院校生师比有明确的规定，最高不超过 18：1。沈阳高职院校生师比普遍较高（见表 2.2），如渭南职业技术学院生师比为 22.94：1，安康职业技术学院的生师比为 22.15：1，汉中职业技术学院的生师比则为 25.10：1（注：数据来源各院校官网），这个比例严重高于教育部对高职院校所规定的生师比的要求，由此可见沈阳高职专任教师队伍数量严重不足。

2．教师队伍结构失衡

笔者在对沈阳高职院校教师队伍建设的分析研究中，发现其师资队伍结构存在一些问题，主要体现在年龄、学历、专职和兼职比例，双师型教师比例等几个方面。

2.1　"双师型"教师比例不足

高等职业教育可持续发展的关键之一就是"双师型"教师。国家早年就规定，高职院校师资队伍中必须有达到 50%的"双师型"教师。沈阳对高职教师队伍的职称结构做了一定的工作，规定高级职称教师比例应达到高职院校教师队伍的 20%以上，"双师型"教师的比例要达到 50%。当前部分高职院校"双师型"教师的数量依然没有达到相关规定，沈阳高职院校教师队伍中"双师型"教师所占的比例也不大。如咸阳职业技术学院"双师型"教师占比为 37.60，安康职业技术学院"双师型"教师占比为 43.06%，渭南职业技术学院"双师型"教师占比为 44.55%，都低于国家要求。目前"双师型"教师队伍的现状还存在一些问题，如：教师总量不足、教师实际操作能力偏低、教师来源渠道单一、教师实践场所及实践机会少、职业教育学术化倾向比较明显、教师培训基地学校化等。

2.2　高学历高职称人才较少

据了解，在大部分发达国家，为了保证教师的学历素质，高职院校教师要求大多数为硕士及以上学历。在我国，对于高职教师的学历也有类似的规定。教育部《关于加强高职高专师资队伍建设的若干意见》指出："高职院校硕士和博士学位教师的数量，要保证不少于教师总数的 30%"。但是，由于高职院校本身属于大专层次，对博士和硕士研究生的吸引力不大，因此，我国高职院校的师资队伍整体学历偏低，大专和本科在教师队伍的学历中占有较大比例，而硕士及以上学历则占偏低比例。虽然，沈阳是教育大省，但是高职院校中的高学历教师依然不足，高职称教师数量明显较少。如安康职业技术学院和商洛职业技术学院教师队伍中，硕士及以上学历教师占比不到 10%，分别为 9.63% 和 8.77%；咸阳职业技术学院和商洛职业技术学院教师队伍中，副高以上职称教师占比不到 20%，分别为 15.60%16.70%。这就说明沈阳高职教师队伍建设还有待提升。

2.3 教师队伍整体年龄失衡

高职院校师资队伍年龄结构和职称结构明显呈现"两头大中间小"的现象。35 岁左右的青年教师多，这说明高职教师队伍发展潜力大，后劲足；55 岁以上的老年教师多，这说明高职教师队伍有着丰富的实践经验。但是合理的教师年龄结构应是由老、中、青三代构成的橄榄型结构，并且以中年教师为主体，这样才能达到老带新的教师培养机制，不至于教师队伍断层，教学质量下滑。

2.4 专兼教师结构失衡

兼职教师是高职院校由于其自身的发展特点而产生的需求，这也是它的一大特色。高职院校对于兼职教师具有独特的特点，比如：需求专业类别多，还要具有教学技能，教学工作责任心等。发展兼职教师队伍，这是国家对于高职教育发展的要求，与此同时规定了兼职教师在教师队伍中的适当比例。高职院校按照国家要求，不断引进兼职教师，但是有些院校兼职教师数量已经远远超过专任教师数量，或者完全没有兼职教师，这种结构明显是不合理的。据调查，高职院校专兼教师比最高为 1：0.84，最低为 1：0.23，平均为 1：0.52；专兼教师授课比最高为 1：0.84，最低为 1：0.11，平均为 1：0.34。另外在兼职教师队伍中，其中有部分教师很少真正参与到学校教育教学工作中，很少真正融入学校。专任教师与兼职教师之间的交流合作不多，大部分情况下是各自忙各自的。而高职院校对于兼职教师也缺乏科学、合理、有效的管理方法。沈阳高职院校对于兼职教师队伍的管理，面临着同样的问题。

3. 师资培养相对滞后

大部分高职院校缺乏对师资队伍可持续发展的研究，忽略了对教师的管理、培养以及教师的专业发展，这无疑不利于学校整体教师队伍的建设，也不利于体现学校的办学质量和教学水平。高职院校要积极构建教师培训机制，才能有效地培训教师，为学校提供优秀技能型教师。目前，许多高职院校没有相应的教师培训和继续教育制度，具体表现在：没有形成系统的岗前培训、在职培训和继续教育。沈阳高职院校师资队伍的专业化发展面临着挑战：教师的教学设计方式陈旧、教师接受新事物的理念并不太强，教育研究能力创新都有待提升。

（三）高职师资队伍建设存在问题的原因分析

目前沈阳高等职业院校教师人数有待增加，教师质量有待提高；从整体上看，师资队伍结构不合理，改善空间大，"双师型"教师数量不够，"双高教师"（高学历高职称的骨干教师）人数较少；且对于师资队伍的管理和培养的重视程度不够，对教师的评价机制和激励机制有待完善；教师专业能力有待加强等。要解决这些问题，就需要我们进行更深入的研究，剖析造成这些现状的原因，唯有如此，才能找到解决问题的有效途径，进一步完善高职师资队伍的建设。

1. 高职教师社会地位较低

我国已经发展了多年的职业教育，但是社会上对于职业教育的认可度不是很高。这主要是因为很多人对于职业教育的认识存在偏差，在很多人看来，职业教育培养的就是蓝领，蓝领就是非常低级的技术工人，作为培养单位的职业学校的教师社会地位不高，也就不足为奇了。近年来，国家大力发展高职教育，很多学者也提出很多解决措施，大多数本科毕业的学生依然想进去本科院校工作，不愿去职业院校任教。人们对于高职教育的认识还是有些偏差。某大学工科教授不知道职业技术教育是做什么的，甚至很多高校教师都不知道有职业技术教育这个专业，他们只听过高等教育。

可想而知，高职教师社会地位如此之低，不被广大人民群众所认可。另外，由于高职教育不被社会很好地认可，使得高职院校招聘的师资要求不得不降低，整体高职师资队伍水平偏低，无论从学历、能力还是其他方面高职教师的质量有待提高。

2. 师资来源不稳定

目前，我国高职院校师资没有专门的教师培养渠道，教师引进主要是通过以下方式：招聘重点高校的师范生，主要是本科生以及研究生；引进相关企业、事业单位的人才；招聘社会兼职教师；高校或科研单位的相关人才。通过对近些年高职教师队伍的观察，第一种高职教师来源渠道，即本科院校的毕业生占据了很大的比重，而从企业事业单位、社会兼职教师、高校或科研单位等其他来源渠道所占比例却很少。单一的师资来源使得高职院校教师总体数量不足，质量不高，教师队伍不稳定，尤其是师资队伍的结构不太合理，特别是一些专门教师：如"双师型"教师、高学历高技能的教师、专业骨干带头教师以及兼职教师比例偏低。从政府层面来看，我国有专门培养中小学教师的师范教育，而对于需要数量更多、要求更高的高职教育却一直都没有专门的教师培养渠道，大部分教师是半路出家，对于高职教育一知半解甚至完全不懂，只有成为高职教师以后才会弥补高职教育这块短板。从社会层面来看，企业对于高职教育有着极大的需求，但是不愿意让自己的员工去高职院校担任教学工作。社会上人们关于高职教育存在认知偏差，普遍任务高职教育不如普通高等教育，这就使得一部分优秀的人才不愿意从事高职教育。从高职院校自身来看，一直没有建立稳定的教师培养培训机制，多年来都是得过且过，要么是继续招聘学术型教师，将就着用，要么就是大量招聘兼职教师，这也导致双师型教师含金量不高，更多的是双师型教师队伍而已。

3. 培训与管理机制不完善

培训机制在高职教师队伍建设中仍不完善。当前在国内，有部分职业院校的师资培养体系欠完善，缺乏长远规划，尤其是对于加强教师培训的问题，国内高职院校没有做到结合自身条件和发展需要的实际，去探求合理有效的途径。如果在师资队伍的培养上，其目标、内容、方式和措施没有系统性，就不利于教师长期发展。对现有教师进行科学合理的培训，是建设师资队伍最常见最基本的途径，也是培养人才的重要途径之一。而在现实中，高职教师培缺乏长效的培训机制。大部分教师入职前本来就没有接受系统的岗前培训，进入学校以后，新教师接受的培训不够，教师职前职后的培训也不完整。即使有一些培训，也有不足：如培

训的途径单一、内容简单、走过程等，教师的专业能力与素质并没有真正提高。因此，高职院校应该结合院校的发展情况及教师的自身情况，在此基础上针对性地制定培训目标，培训计划，选择恰当的培训方式，以及具体的培训内容等。

管理机制在高职教师队伍建设中仍不健全。高职教师队伍是高职教育发展的关键要素。高职院校如何管理教师，是高职教育研究的重点之一。这不仅是由于教师是学校的重要组成成员，更重要的对于教师的管理能够直接影响该院校的长远发展。许多高职院校盲目引进了许多专业匹配度不高的学术研究型人才，这是由于缺乏对师资队伍可持续发展的研究，忽略了职业教育特殊的办学规律，忽略了高职教师的特殊性，因此，人才招聘标准完全照搬本科院校。还有另外一些高职院校忽略了高职教育的实践性，只考虑满足教学工作，打消了教师的工作积极性，教学质量得不到保障，这是因为高职教育的师资管理制度还不完善，不能与高职教育发展相适应。具体表现在：对专职教师的管理方面，更多的是注重教学，科学研究，至于人才的选拔、引进与任用，还没有较为系统的机制，也缺少科学合理的绩效管理。对兼职教师队伍的管理方面，还没有统一的管理机构，缺乏科学合理的管理制度以及管理的方式。

总之，对于高职院校来说，有必要制定一套专门的、统一的专兼职教师管理规范，设立专门的管理中心或机构，在选拔、聘任和管理方面，由专门的管理机构进行统一管理，这有利于教师队伍的规范和稳定。

4. 评价与激励机制不健全

高职教育是普通高等教育的重要组成部分，但是又与普通高等教育有着一定的区别，主要体现在人才培养目标不相同。普通高等教育培养学术型人才，而高职教育培养的是应用型人才。高职教育的特殊性，决定着其在培养人才的过程中，对教师队伍有着更高的要求和标准：更注重教师实践和技能的培育。即不仅要求高职教师具备较高的文化素养、具备教育教

学专业理论、也要具备专业技术知识，还要具备较强的实践操作以及指导能力。然而，与大部分普通高等院校一样，部分高职学院对在校教师的职称评定、教学质量考核、教学效果评价等方面，还没有专门和系统的评价体系。比如，有的高职学院在教师职称评定上也注重论文发表的数量、科研的成果，对教师的实践教学与技能的考核评价重视程度不够，评价的措施和方式也不尽合理；学院对教师学术的评价侧重于追求数量和结果；在对教师的教学质量考核中，形式简单陈旧。就所调查的宝鸡市高职院校而言，对教师教学质量考核的方式主要还是传统的学生评教，其次是督导组随机听课和教师互评，评价与奖惩所占比例较少，基本没有其他新的评价方式。可见高职院校在对教师的评价和考核等各个方面，其评价机制简单，形式也很单一，而且，评价的结果难以起到激励的作用。长期如此，会给一个学校整体师资队伍建设带来很多弊端，比如教师在学术研究中片面追求数量或者结果，教师在教学中的主人翁意识很难真正体现等。另外，高职教育作为高等教育的一部分，其教师的教学任务在一定程度上也比较重，教师的工作压力也比较大，然而相应的激励机制并不健全，尤其是教师的待遇和福利方面有待提高。"工资待遇不高，社会地位不高，还要受到其他因素的影响等使得教师队伍的质量不断下降，严重影响教师的工作热情和从业积极性，甚至导致一些教师放弃教师岗位，另谋出路。"对于待遇方面的不满意，导致了教师队伍的主体地位没有真正体现，对于教师职业本身的认同感和幸福感不强，教师开展工作的积极性和主动性因此受到影响。

5. 教师自身对于专业化发展认知不够

"教师专业发展"包含两个方面：一是指教师的专业成长过程；二是指促进教师的专业成长过程（即教师教育）。本文主要探讨第二种，即促进高职教师的专业成长的过程。随着科学技术的发展，互联网的普及，社会的进步，终身教育思潮的兴起，高等职业教育也在不断丰富着自身的内涵和外延。尤其是互联网与教育的深度融合，给高等职业教育带来了前所未有的机遇与挑战。高职教师不再沿用传统的讲授和教学模式，传统的"黑板+粉笔"、"多媒体+PPT"为主的教学模式正在慢慢被淘汰，取而代之的是微课、幕课、翻转课堂等现代教学模式。在互联网时代，对于高校教师的素养也提出了新的要求，要求高校教师不断更新和转变教育理念，更新教学方法和手段，树立终身学习理念，加强继续教育，主动适应新形势下高职教育发展的各种需求。可以说，在职业教育领域，尤其是高职教育领域，对教师专业能力的重视程度日益提高，对职教教师专业化水平的要求也越来越高，职教教师专业化日益受到重视。但是，就大部分高职院校的教育现状来看，教师本身对于专业发展的认知度并不高，没有意识到自身专业发展能让自己具备更强的职业能力，在现代社会中更加具有竞争力。大部分教师都是在校期间接受高等教育，之后进入高职学院从事教育活动，都是被动接受一些不系统的培训或者偶尔获得进修的机会，通过对沈阳宝鸡市高职院校院教师的调查和访谈可以得知，有的教师对于偶尔的在职培训或被派外出进修，都没有很大兴趣，本人缺乏主动性，这都折射出教师们对自身专业能力的提升不够重视。

6. 兼职教师的管理形式化

兼职教师队伍是对高职专职教师的重要补充，是高职教师队伍不可或缺的部分。但是由于我国高职教育的特殊性，一直都是专任教师占主要地位。直到1985年，国家才提出职业院校"可以聘请外单位教师、科学技术人员兼任教师"，1995年国家教委在《关于推动职业大学改革与建设的几点意见》中要求明确提出了"兼职教师"的概念。近年来，高职院校大力建设"双师型"教师队伍，兼职教师已经成为实施高职教育的重要角色之一。但是，对于兼职教师管理，高职院校还处于初级阶段，管理方式比较粗放，没有发挥出兼职教师应有的作用。具体原因如下：

6.1 缺乏政府政策制度

随着工业革命4.0的到来，职业教育迎来了春天，国家高度重视职业教育的发展，尤其是高职教育。这也对高职教师队伍不断提出高标准、新要求。越来越多的能工巧匠、行业能手被聘任为高职院校的兼职教师，这对于高职院校来说是好的，但是大多兼职教师都是行业精英，对于教育教学不甚了解。学校与企业是完全不同的单位，二者在管理方面有着非常鲜明的区别，这些区别导致学校难以对兼职教师进行有效的管理。国家不断呼吁企业行业大力支持职业教育发展，但效果不尽人意。到目前为止，国家没有对于高职院校、行业企业与兼职教师三方之间法定权利与义务做出明确的规定，没有专门为其制定的聘任制度、薪酬待遇及管理办法。因此，政策制度的缺乏使得高职院校从行业企业获得人力资源上的支持存在着一定的难度，这也使高职院校在兼职教师队伍建设上有着"应付考核"的行为。同时，校企合作作为高职教育的主要形式之一，对于兼职教师来说，企业身份是第一，因为学校并不能将其纳入人事编制，也不会纳入教育财政的考虑范畴。

6.2　院校及企业缺乏足够的认识

虽然国家对于高等职业技术教育重视度日益加强，但是真正当政策落实到实际操作过程中，学校、企业只是"捧捧场"走走形式化的过程罢了。说到底，高职教育发展前景如何，发展的是好还是坏，更多的取决于高职院校它的自身。高职院校自身不积极开拓创新，总是围绕在国家政策，政府支持上做文章。如对于影响高职院校影响力、决定高职院校教育质量的人才培养模式、院校办学特色、专业建设及院校长久发展等，大部分高职院校很少思考，只会照抄别人的经验，不懂得结合自身所在地区的区域优势及院校自身的优势来进行建设。对于兼职教师，更是没有从长久考虑，而是将其看作弥补师资队伍短缺的廉价劳动力，更多的是为应付数据上报而要达到的硬性指标，才会聘任部分兼职教师来点缀师资队伍，忽略了院校自身专业建设的需求，也导致兼职教师"高兴而来，扫兴而归"。部分高职院校为节约开支，对于兼职教师比较苛刻，给予较低的劳动报酬，使得其积极性减低。我们从企业的角度去看待问题，在企业里的骨干员工，会掌握着公司重要的技术手段，公司已经给员工足够丰厚的薪资报酬，也并不想把公司的相关技术知识流传到外面，会影响公司的未来发展，而对于有丰富工作经验的企业员工或者总经理职称的人有了足够的薪资也觉得没必要去高职院校兼职任教，一方面高职院校薪水低同时作为老师还要花费大量时间与精力做课件，备课，这也是高职院校不能够招聘到企业经理作为高素质兼职教师的一方面原因。另外相对于企业来说，他们眼中的校企合作更多的是认为让高职院校的学生在实训场地进行实习，而不是派遣自己公司内部优秀的员工进行高职院校的现场教学。还有组织结构不合理，来源比较复杂。相当多的高职院校都没有设置专门的兼职教师的管理机构，更是缺乏规范的兼职教师管理制度、考核标准等。这主要是由于兼职教师与学校之间不存在人事关系，而且学校待遇一般。然而技艺好的兼职教师，对于高职院校来说，处于"买方市场"，其本身收入也比较高，更何况兼职教师一般都是冲着熟人而来，因此兼职教师可以随时罢工，对他自身损失较小，甚至个别兼职教师恃才傲物。

二、高职师资队伍建设的对策与建议

针对高职教育师资队伍的现状和实际问题，若要建设优秀的高职师资队伍，必须紧紧抓住各个相关的环节，制定明确的培养目标、科学的管理机制，掌握现代教育教学技术的师资队伍建设的需求，提高沈阳高职教育师资队伍的整体水平。

（一）确立师资队伍建设目标

社会不断发展进程中对高职教育师资队伍建设的发展也就相应提出了更高的标准，不管高职教师队伍建设如何发展，确立目标是前提保证。

1. 确保整体数量以及"双师型"教师比例

近年来，高校扩招，高职院校也在不断扩大办学规模，教师人数严重不足，师生比例偏低，教师数量的不足，导致高职教师队伍的门槛普遍偏低。所以学院的首要任务就是大量的引进教师。保证教师数量就要按照国家所规定的师生比建设师资，这样才能够确保教师们的整体数量情况。《国务院关于加快发展现代职业教育的决定》明确提出：要建设专兼结合的"双师型"教师队伍，实施教师专业标准，落实教师企业实践制度，完善企业工程技术人员、高技能人才到职业院校担任专兼职教师的相关政策等。建设"双师型"教师队伍，要推进高水平学校和大中型企业共建"双师型"教师培养培训基地，地方政府要比照普通高中和高等学校，根据职业教育特点核定公办职业院校教职工编制，加强职业教育科研教研队伍建设，提高科研能力和教学研究水平。政策提到的是关于高水平学校与大中型企业共建"双师型"教师培养培训基地，而对于沈阳的普通高职院校我们也可以成立本省的"高职教师孵化基地"，可以从沈阳的省会西安市作为试点。具体实施步骤如下：第一步，由沈阳教育厅发布公告，说明成立本省"高职教师孵化基地"的意义、具体报名方式以及其他相关需要了解的事项，可以在公告时说明培训结束后须签订定期劳动合同，也是保障教师资源的流失；第二步，沈阳各地区采取网络报名方式报选参加"沈阳高职院校教师孵化基地培训"，须要填写就业学校的意向，便于培训前由负责人掌握情况，包括培训后的分配工作事宜；第三步，对报选参加"高职教师孵化基地"的教师进行资格审查；第四步，沈阳各地区组织考试，可以分为笔试和面试，根据具体情况而定；第五步，将沈阳各地区考试合格的教师统一聚集到西安市进行系统的培训，同时根据教师们各自的特点进行培训，以及教师所教授行业的相关理论知识、实践操作的培训；第六步，培训期间进行考核；第七步，考核合格后以报名时就业学校意向进行分配工作，签署劳动合同；第八步，实习期为六个月，考核合格后，根据具体情况由沈阳教育厅分配事业编制的名额至各个高职院校。以西安市为"沈阳高职院校教师孵化基地培训"试点的具体措施还有待实践考量。从高职教育发展的历程来看，建设"双师型"教师队伍一直都是重点和难点课题，我们要根据具体情况因地制宜建设高职教育教师队伍。

2. 确保兼职教师比例

在发展多年的高职院校里兼职教师很多的话会被人们认为导致教学质量下降的根本缘由，因此兼职教师的地位与数量一直未正视，倘若从另一个维度看待这个问题的话，会大有不同，比如说有丰富社会实践经验的兼职教师可以给予学生们最前沿的技术，还有信息传递的及时化，可以使得我们的学生获取最新的资讯，对于学生的成长来说是非常有利的，也就是说要确保学校有一定数量比例的兼职教师，因为可以共享社会和学校之间的资源，增强教师之间的交流，使教师队伍更加生机与活力。所以，要使社会加强对兼职教师的认识，能够确保高职院校合理比例的兼职教师数量，实现学生们的理论学习与实践认知的密切融合。高职院校兼职教师要求具有中级以上职称，其中高级职称占 30%以上，且兼职教师数占专业课与实践指导教师合计数的比例达 20%以上，但实际情况是行业企业的专家到高职院校任教积极性不高，主要原因有：一是本职工作压力大，很难在学校常规教学时间到学校进行实践教学活动；二是部分行业企业专家不具备教师的基本素质，对把握教学的能力不太自信的同时，没有时间和精力去进行教师基本素质的培养而产生畏难情绪。要确保兼职教师的数量，首先提高对原来任教的教师的待遇，或者及时沟通了解他们的新诉求；第二，由校招生办老师负责开发新企业与院校进行合作，签署合同，企业每年必须选派资深企业家为院校学生上课，院校给予企业一定回报。高职院校一定要有效加强对于建设高职兼职教师的队伍。同时，为了避免专任教师与兼职教师在教学任务中的矛盾冲突，首先就必须要明确专任教师与兼职教师的不同内涵、职责；其次需要建立健全高职院校兼职教师队伍的教学管理等相关机制。

3. 确保教师学历比例

高职院校教师队伍的学历比例也较为重要，学历也许不能证明一个人的工作能力，却能使得一个人具备一定的学习能力，具备优秀的思想。一个全面发展的职业技术院校，必然要有优秀的科研博士、硕士老师。高学历的教师具备着一定的理论知识储备和一定的优秀文化素养，能够教育出优秀的学生，虽然职业技术教育培养的是应用型人才，但是符合国家政策的需要，职业技术教育也需要学生们具备较好的人文素养，符合我们的终身教育观。首先沈阳政府、教育厅通过媒体有力的宣传提高沈阳居民对于高职院校的认识，了解职业教育未来的发展，另外，沈阳各高职院校要全力配合省相关部门的宣传工作，使得高学历人才准确掌握职业教育发展的前景以及对于社会经济的重要性，促使高学历人才成为高职院校教师；第二，沈阳各企业开展"关于职业教育的发展"等其他有关的主题的讲座，或者其他形式的宣传使得企业员工认知高职院校教师的社会地位以及发展前景，促使实践经验丰富的高学历员工成为高职院校的教师。确保教师队伍一定的比例有利于安排合理的教学任务，有利于培养优秀的社会应用型人才。

（二）健全师资队伍建设机制

全方位、高质量、多渠道培养职业教育师资是职业教育发展的关键。另外，一定有效的管理机制作用也是必不可少，高职教师队伍要发展壮大，需要有高标准，可行的机制。建立健全师资队伍机制非常必要。

1. 创新人才引进机制

目前沈阳的高职院校教师仍是没有专门的教师培养机构，并且数量上也显示出不足。另一种严重的现象是之前提到的高职教师社会地位较低中大多数人对于高职院校一直存在偏见,他们不愿意自己选择去高职院校就职,更愿意去选择普通大学这也就会导致了许多优秀的有潜质的高职教师的流失。通过这个现象可以发现目前整个沈阳的高职院校基本情况就是面临着人才比较匮乏的局面,特别是现在需求量很急很大的高技能与高学历人才,也包括了对于高素质高水平的专业人才的需求。我们在科研中提到的教师准入制度就是从师资的来源上着手,这是确保师资队伍建设质量高低的第一道门槛。为了要解决当前沈阳高职院校教师人才比较匮乏的局面,首先可以创新人才引进机制,当前沈阳全省的高职院校在招聘教师时一般都是参考事业单位人事管理制度进行招聘,此考核办法可以有效筛选出有潜质的高职教育教师,有些学校没有按此办法执行,在有些特殊时刻譬如在资源紧缺时,如果能保证招聘教师的质量,是可以多渠道引进高职教师,可以简化招聘程序,不受岗位职数限制,招聘高质量教师,到岗即聘,但是此类办法可能面临的严重问题就是会滋生腐败现象,靠关系户进入入职,导致引起不良现象,依然不能否认,这种简化招聘程序的办法也是一种创新机制,简化程序,减少人力物力财力,真正有能力的优秀的教师不需要那么多的层层考试,这种多个程序的招聘形式也会使得一些高职称高质量有经验的教师觉得麻烦而放弃进去高职院校,更多的那些老师们会认为只是形式化,起不到实质性作用,又会导致对高职院校产生新的偏见,因而不能满足高职院校对于师资队伍建设的要求。所以这就需要沈阳的高等职业技术院校应当按照进行短期与长期发展目标的规划,依据科学的管理机制,制订符合自身状况的人才引进计划,以此对于高职院校教师队伍建设有更好的保障。另外在违反政策的前提下,高职院校可以有权花费高价引进高职院校所指定需要的高职教育教师。同时要注意在引进高职教师时他们所具备的的知识、素质结构等能力是否能够满足沈阳高职院校可持续发展的需求。另外笔者认为可以推进人才立法,确保在沈阳高职教师引进、培养等方面有法可依。现在是法律保护的社会,我们将优秀人才引进高职院校,还要从高职教师的角度出发,从他们的切身利益为他们考虑,保障他们的工作,现如今的社会,单凭口头协议是很难达成合法协议,同时,仍然会让高职院校教师们没有足够的安全感,本来现阶段社会对于高职教师的认可度就偏低,若不能够给予高职院校教师足够的法律保护,很难留住优秀的高职教师资源。尤其是在陕西的陕北地区，气候干燥不舒适，倘若仅仅靠引入当地户口源的高职教师不能够满足陕北地区的高职教育正常的发展，又何谈可持续发展的高职教育，很多的现实问题我们要认清楚，做到具体问题具体分析，在气候条件较差、教育资源较弱的地区更需要制定采取一系列的系统的人才引进、使用等后续保障的符合当地情况的健全机制。

2. 建立健全高职教师培训制度

高职院校面临市场上没有合适的准教师的境遇，已经不是一日之苦了，因此，高职院校要创新高职教师队伍的培养机制，要建立稳定的高职教师队伍的培养渠道。

2.1　建立"沈阳高职教师孵化基地"

高职院校教育需要与企业建立密切的联系，企业应当积极响应国家政策，树立可持续发展理念，陪伴高职院校一路成长，使得高职院校的教师们不断补充新鲜的知识，增加社会活力，为高职院校的可持续发展做出一份实实在在的贡献，高职院校可以借鉴企业的"储备干部"，为院校储备适当数量的教师作为"储备教师"，设立"教师储备库"，建立"沈阳高职教师孵化基地"。通过引进一定数量的"储备教师"，对于沈阳高职院校来说一方面是能够行之有效的缓解师资队伍数量不足的问题，因为储备教师属于高职院校的人力资源，高职院校通过一定时间的培养，经过考核使得储备教师能够胜任教学任务，这就是建立教师孵化基地的好处；另外一个方面是储备教师的成本较低，毕竟高职院校的储备教师各方面的能力未能达到标准高职教师的标准，因此就可以为高职院校节省很多的成本，同时要考虑到一个可能会出现的问题，就是储备教师在长时间的培养阶段，若薪资较低也会使得刚毕业的大学生流失，对于高职院校来说是一种亏损，所以可以提高其他方面的待遇，比如说校车，医保，高温补贴等一些较好的待遇留住储备教师，更重要的是让储备教师们在接受培训时前期一定树立正确的思想观念，我们每一个人将来都会成为一名高职院校的教师，我们所做的事业是在为沈阳高职院校的可持续发展做出贡献，高职教育的发展前景广阔，高职院校的教师社会地位一定会提高，但是这一切的前提是即将成为高职教师以及已经成为高职教师，还有社会广大群众一起去努力实现的目标。

2.2 高职院校教师的岗前培训

对于新入职的高职院校教师，第一个就需要使得他们树立正确的价值观念，看到未来职业教育的发展前景，认可高职教育的社会地位，认可自己的高职教师社会地位，不被他人的看法所左右自己对待高职院校高职教师的看法，组要重点培养的应该就是高等院校的非师范类应届毕业生，他们需要接受系统全面的岗前培训，了解高职教师岗位的相关知识，还要掌握教育教学的相关理论，有丰富的实践经验，对于他们未来的高职教师生涯打下坚实的奠基。目前，沈阳高职院校在招聘的高职教师中绝大多数是刚毕业的大学生，录取之后仅仅是在入职之后进行短期的培训，而且大多数培训属于听报告式的培训，更多的停留在理论层面，而对于还未正式工作的刚毕业的大学生来说，他们更需要的是企业实战社会经验，要提高毕业新教师的教学能力就需要沈阳高职院校采取脱产培训，而不是短期的为了满足教学需要而采取的急功近利似的培养方案，这对于沈阳高职院校的发展来说是隐性的炸弹，我们国家的职业教育发展这么多年，一直存在这许多的问题，可是我们很多高职院校在实际工作操作中不但没有解决需要解决的问题还在一直制造着新的问题，就像我们人的身体一样，一边吃着感冒药，一边还在每天晚上熬夜，这种不解决问题还在不断制造着新问题的现象是最可怕的问题。截止目前，包括沈阳，我国的高职新教师职前培训几乎采取的都是统一培训的形式，建议沈阳多对新的高职教师进行资金以及精力上的投入，是否可以根据不同特点的学科任务或者不同教师的个性特点进行交叉式培训是未来我们需要进行探索的一个新的领域课题。

2.3 入职高职教师的培训

入职高职教师是职业院校教师队伍的和主体力量，对其进行再培养，加强对他们的培训，也是师资队伍建设的基本要求和任务。那么，如何有效培养，需要考虑以下几方面问题：一是培养目标和计划要有针对性，应根据其年龄、专业以及学校本身的需求等而定。二是培养方式要多样化。教师的再培养，除了培训、学习，还可以参与科研课题、、到相关院校进行进修或学位学习、到企业或生产单位实践或取得相关专业的职业资格证书。比如：对于缺乏实训教学经验的专职教师，可以定期选派到校企合作基地进行一定期限的生产一线实践学习，以提升其实际操作的能力，积累丰富的实践教学经验；针对从企业或事业单位高薪聘请的高技能人才，在政策上和资金方面，应大力扶持他们参与学位进修，或进行集中培训，以提升其理论教学水平；对于骨干教师，尽可能地给他们多提供国内外访问、参加学术交流或参加国内外进修的机会，以提升他们的专业水平和科研能力。

2.4　完善继续教育

高职院校要鼓励高职教师提高学历学位，提升自身素质，并给予政策上和经济上的支持，特别是对于学历不高的教师，鼓励他们继续深造，获得更高的学历水平，改善高职教师队伍学历普遍偏低的状况。

3．建立有效的激励与奖励机制

师资队伍的建设，关键是人才的任用与管理。高职师资人才引进来，用得好，关键还是要留得住。建立科学的人才激励机制，满足教师本身的多样化需求，是调动教师工作主动性，激发他们潜能和创造力的根本途径。因此，高职院校只有在对教师队伍的管理中，给予有效的激励和合理的奖励，做到人尽其才，才尽其用，师资队伍才会稳定。

3.1　提高高职院校教师福利待遇

由于职业教育自身的特性，职业院校的教师在社会上的地位不高，在当前，依然有部分高职教师缺乏高校教师身份认同感，因此，高职院校应通过提高教师待遇、激励教师事业心或为教师提供有发展前景的事业平台等途径来调动教师的工作积极性，让他们能在工作中可以感受到认同感。首先，就是要保证师队伍的稳定性也就是从根本方面着手使高职教师的待遇薪资优厚；另外，在加大硕士、博士研究生、留学生的引进力度方面，职业院校有必要设置一定比例的人才引进经费，让专业人才享受专业技术职务待遇，为他们配备优厚的生活条件。总之，合理的待遇、优厚的福利，是吸引和留住优秀人才的前提。

3.2　建立有效的激励机制

其实我们每个人都是渴望被激励的，有激励就会有动力，这也是经过心理学的研究证明多的理论。对于沈阳的高职院校来说，要调动高职教师们的工作热情度，提高积极性，一方面是在待遇和福利方面满足教师需求，另一方面是制定有效的师资队伍建设激励、奖励机制，形成一个科学合理的、有利于优秀高职教师队伍建设的激励机制，让真正为自己学校发展做出贡献的高职教帅享受到自己的劳动成果，使那些混在教师队伍的人不再侵占他人的成果，在全校形成公平竞争积极风气。其次注重激励机制的多样性。在激励教师的时候，既要突出物质奖励的激励作用，也要重视精神激励的作用。高职教师都是高级知识分子，在满足个人及家庭物质需求之外，追求的是自我实现（美国心理学家马斯洛，将人的需求从低到高分为五级，依次是：生理需求、安全需求、社交需求、尊重需求和自我实现需求），即更加看重精神上的成就。此外，激励机制要注重长期短期的结合。短期激励，可以短时间内激励教师认真工作；长期激励，短期内效果不明显，但是从长远看，可以提供教师对于学校的认同感。

4. 建立健全高职教师评价体系

我国职业教育因为起步晚，还未形成系统科学的评价机制。职业教育的评价机制，不应只建立在注重教学评价方面或者学术研究方面。应根据学校本身的性质、特点和不足，来建立科学合理的奖励机制和教师评价体系。特别是当前职业院校中，大部分教师职业认同感不强、对教育工作缺乏主动性，对此，高职师资建设工作应该重在完善激励机制，采用多种途径来激发高职教师的积极主动的意识和上进心，充分调动教师工作的积极性与创造性，增加教师队伍活力和稳定性。

我们国家一直提倡建立比较合理符合高职院校教师的考核评价体系，但是进展很慢，沈阳应当根据省情。教育资源的分配情况，具体的斟酌制定何种的考核评价手段比较合理，当然任何考核机制都要必须遵科学、客观、公正的原则。对教师的考核评价，要区分专业、教师性质，不同专业不能采用完全相同的考核方式；专兼老师也不能一刀切去考核。笔者认为，对于高职教师来说，考核更应结合自身专业特点，有的侧重，将教师从繁重的科研工作或教学工作中解放出来。打破传统的任务式教育教学观念，促进教师由被动完成教育教学任务向主动热爱教育事业来转变，提升教师对于教师职业的快乐感。

（三）制定政策保障高职师资队伍建设

加强师资队伍建设，需要相关部门的政策及资金作为保障，同时，学院自身需要不断完善相关制度，健全高职师资培训体系，以更好地集聚师资力量，实现高职院校的培养目标，培养出符合社会需要的高职毕业生。高职师资队伍的建设要获得稳定可持续发展，政策和资金是保障。相关的高职教育政府部门以及高职院校可以成立专属高职教师的教师培养基金会，将此基金会落实到实处，而不是空架子，搞形式化，不解决实际问题；同时还需要配合建立相关的制度，比如，沈阳高职教师实习、进修和考核等一些制度；最重要的，还要为大部分教师创造条件，适量的安排教师的教学任务，多给教师一些学习和进修的时间，能定期去参加各种形式的培训实习活动、国内外访学或进修。总的来说，着眼于于高职院校自身的发展、教师和学生的实际需求，来制完善的教师培训计划和健全的培训机制是真正做到理解并贯彻施行国家教育变革政策方针的体现，从战略高度来审视师资队伍建设尤其是人才培养的问题，需要是非常必要的。在有政策支持和资金保障的基础上，通过实习、培训、进修、访学和学术交流等多种形式，提高教师学术水平、教学能力和实践能力，建立良性的培训运行机制，增强教师的积极性，促进教师专业发展。

（四）"互联网+教育"助推高职教师队伍建设

当今的社会正在被云计算、大数据、网络信息正在深刻包围，越来越多的人正在或即将接受在线教育课程，随着MOOC的普及以及现代职业教育本身的快速发展，高职教师面临着多方面的挑战：教育理念的转变、教学方式的改变、教师角色的转换、教学能力的提高以及信息素养的加强。可见，高等教育对教师专业能力与素质的要求越来越高，要想建设一支理论知识扎实、专业技术过硬、教育教学能力够强的教师队伍，就必须以深厚的、持续的教师教育为基础，高度重视教师的专业能力提升。如何加强高职教师专业能力提升，适应互联网时代，尤其是 MOOC，成了高职教育研究的一个主要内容。MOOC（Massive Open Online Course）是一种大规模开放在线课程模式，音译为"慕课"。MOOC 掀起的教育风暴始于 2011 年秋，伴随着 UdacityCoursera 和 ed X 三大平台的正式上线，引发了教育界的高度关注，唤起了对教学模式的重新视，2012 年被称为 MOOC 元年。MOOC 运动在我国开展得稍晚些，2013 年 5 月 21 日，北大、清华、港大等国内高校加入 edX 网站，自此开启了国内 MOOC 发展的浪潮。随后在 2013 年 7月 8 日，上海交通大学、复旦大学等加盟 Coursera。除此之外，其他国内在线课程网站如"在线学堂"、中国大学 MOOC 网等 MOOC 网站相继出现，推动了国内 MOOC 教育的迅猛发展。可见，MOOC 带当今互联网时代已经渗透到教育的各个领域，也即将影响高职教育，对高职教师的能力提升提出了更高的要求。"互联网+教育"背景下教师专业能力应该得到进一步提升，互联网将会对教育产生诸多有利影响，比如，促进其个性化、是教育活动更加方便迅速，同时也会大大地影响教师角色、教学理念、教学模式和手段、教师成长等。可以说，互联网时代已经促使教育进入了一个新的时代，这一时代强调的是以学生为中心。中国工程院院士李京文表示，中国教育正在迈向 4.0 时代。这无疑给高职教师也带来了新的挑战，需要高职教师更好地发挥主观能动性，树立现代教育教学理念，终身学习理念与全面学习观念，掌握现代信息和教育技术，不断完善、提高自身专业素质和专业能力。

1. 高职教师树立"学生中心"理念

第一代教育以书本为核心，第二代教育以教材为核心，第三代教育以辅导和案例方式出现，第四代教育，才是真正以学生为核心"互联网+"时代下信息技术教学有效性研究。"现代高职教育之本在育人，核心在人才培养质量，活力在人才培养模式的不断创新和与时俱进"。特别是在 MOOC时代，颠覆了"以教为中心"的传统教学，强调学生是教学的主体，教师和学生之间的关系发生了变化。在传统教育和课堂教学中，强调以教师为中心，现代教育中，则以学生为中心，尤其是高职院校学生，学习兴趣本身并不高，这就需要教师树立新的理念，把学生作为学习的主体，把自己作为学习的引导者和指导者，根据学生的特点，通过网络资源库寻找学生感兴趣的主题进行教学，并有针对性引领学生从事探究性学习，使学生愿意去学习、乐于学习、主动并学会学习，真正提高学生的学习兴趣，提升课程教学效果。高职学生本身综合素质缺乏，学习动机不强烈、缺乏学习主动性和积极性，加上教师的课堂授课方式比较机械枯燥，与学生互动少，导致目前高职教学管理中出现如下常见问题：学生听课兴趣减弱，在课堂上通过手机上网和玩游戏的现象时有发生。"互联网+教育"背景下，高职教师更应根据学生特点，首先必须更新教学理念，改进教学方法，这是高职教师应适应现代社会的基本能力。其次要有扎实的知识基础和文化底蕴，要能成为知识的传授者。最后要优化教学手段，引导学生积极主动学习。

2. 高职教师树立终身学习观念

高职教师要自主学习，关注新知识。在互联网时代，教师最重要的能力就是学习能力。在信息化社会，互联网、大数据等也在促进着教育领域各个环节的发展和进步，高职教师应树立终身学习的观念，要了解和掌握"互联网+教育"中的各种新内容，还有不断参与到学术交流工作，自主学习和接受培训，主动了解、学习和掌握翻转课堂、慕课、微课等新型教学技能和教学手段，确保学生积极主动学习。

3. 高职教师培养数据能力，提升信息能力

哈佛大学社会学教授加里·金说："大数据是一场革命，海量的数据使得各个领域开始了量化进程，无论教育部门、商业部门还是政府，几乎所有领域都将卷入这种进程。处理这些数据，需要掌握计算机科学、统计学、教育学等多学科知识。美国 2014 年已将数据能力纳入了获取教师资格认证的一项必要技能。提高高校教师的数据素养不仅仅是教师个人的问题，也是高校乃至整个国家教育系统观念更新和体制转变的过程。"信息技术的快速发展，让学生获取知识和各种信息的途径更加便捷广阔，教师自身必须有丰厚的知识储备，才能满足或者引领学生的知识需求，才能让学生在课堂上有所收获，让课堂教学生机盎然，才能体现出教师的水平。同时高校教师除了掌握专业理论知识和实践技能，还要了解和掌握跨学科、跨领域的知识，如计算机、统计学，学会使用先进的网络教学平台、应用先进的教学软件。

4. 高职教师提高专业发展的渠道

高职教育要依托互联网的优势，利用校园网络、多媒体等现有网络资源的便利，构建新型的网络化教学模式。同时，互联网可以成为高职教师专业发展、自我提升的渠道，改变原有的纯粹"讲授式"课堂模式，在完成课堂教学的基础上，利用网络平台再进行探讨和学生的自主学习，克服传统教学的不足和弊端，发挥学生自主学习的优势，又增强了师生之间的互动，提高学生思考、分析和解决问题的能力，摒弃了传统教学模式中存

在的低效、枯燥的现象。此渠道要求高职教师具有很强的自律性以及清晰的计划。

总之，教师要充分依托互联网的优势，创造更具实效性的学习环境、开发更满足学生需求的课程、开展更有效果的教学活动。因此，教师的数据能力是未来高校教师不可或缺的能力。要应对这些挑战，要求高职院校教师不断提升以下能力：有数据意识；了解数据处理技术；提高分析和处理数据的能力。

参考文献

外文文献

[1]Z. Q. Zhao. School-enterprise cooperation in China's vocational education and training[A]. Z. Q. Zhao，F. Rauner，U. Hauschildt. Assuring the acquisition of expertise：

Apprenticeship in the modern economy[C]. Beijing：Foreign Language Teaching and Research Press，2011.

[2]P. B. Gove，the Merrian-webster Editorrial Staff. Webster's Third New International Dictionary[M]. Springfield，Massachusetts，USA：G. &C. Merrian Company，1976.

[3]Pearson Longman. Longman Dictionary of Contemporary English（5th Edition）[M/CD]. New Jersey：Pearson Education，2009. [4]William H. Harris, Judith S. Levey. The New Columbia Encyclopedia：Fourth Edition[M]. New York：Columbia University Press，1975.

[5]Philipp Gonon. Apprenticeship as a model for the international architecture of TVET[A]. Z. Q. Zhao，F. Rauner，U. Hauschildt. Assuring the Acquisition of Expertise：Apprenticeship in the Modern Economy[C]. Beijing：Foreign Language Teaching and Research Press，2011.

中文文献

书籍类

[1] 杨朝祥.技术职业教育辞典[M].台北：三民书局股份有限公司，1984.

[2] 阮智富，郭忠新.现代汉语大词典·下册 [M].上海：上海辞书出版社，2009.

[3] ［英］K.金.教育大百科全书·职业技术教育 [M].重庆：西南师范大学出版社，2011.

[4] 顾明远.教育大辞典·增订合编本（下）[M].上海：上海教育出版社，1998.

[5] ［英］德·朗特里.西方教育词典 [M].上海：上海译文出版社，1988.

[6] 杨朝祥.技术职业教育辞典 [M].台北：三民书局股份有限公司，1984.

[7] 汝信.中国工人阶级大百科 [M].北京：中国国际广播出版社，1992.

[8] 苑茜，周冰，沈士仓等.现代劳动关系辞典 [M].北京：中国劳动社会保障出版社，2000.

[9] 顾明远.教育大辞典·增订合编本（下）[M].上海：上海教育出版社，1998.

[10] 徐国庆.职业教育课程论（第二版）[M].上海：华东师范大学出版社，2015.

[11] 王川.西方近代职业教育史稿 [M].广州：广东教育出版社，2011.

[12] 王桧林.中国现代史（第二版·上册）[M].北京：高等教育出版社，1989.

[13] 陈俊兰.职业教育现代学徒制研究 [M].长沙：湖南大学出版社，2014.

[14] 赵有生，姜惠民.职业教育现代学徒制的实践探索 [M].北京：高等教育出版社，2015.

[15] 中国社会科学院语言研究所.现代汉语词典 [M].北京：商务印书馆，1978.

[16] 夏征农.辞海 [M].上海：上海辞书出版社，1999.

硕博论文类

[1] 王伟巍.澳大利亚"新学徒制"改革研究 [D].大连：辽宁师范大学，2014.

[2] 鲁婉玉.高职教育中"现代学徒制"人才培养模式研究 [D].大连：大连大学，2011.

[3] 吴艳红.英澳现代学徒制比较研究 [D].南昌：东华理工大学，2013.

[4] 田英玲.瑞士现代学徒制"三方协作"研究 [D].沈阳：沈阳师范大学，2014.

[5] 郭秀兰.构建我国现代高等教育的 KAQ 人才培养模式 [D].武汉：华中师范大学，2001.

[6] 熊苹.走进现代学徒制——英国、澳大利亚现代学徒制研究 [D].上海：华东师范大学，2004.

[7] 郑新悦.中国古代艺徒制与英国现代学徒制的比较研究 [D].长沙：湖南师范大学，2012.

[8] 李艳.英国现代学徒制及对我国职业教育课程改革的启示 [D].石家庄：河北师范大学，2008.

[9] 黄镜秋.中等职业学校"现代学徒制"人才培养模式探索 [D].成都：四川师范大学，2014.

期刊论文类

[1] 陈鹏.美国注册学徒制：演进过程与内部机理 [J].职业技术教育，2011（21）.

[2] 张琦，杨素君.论情景学习视域中的认知学徒制 [J].现代远程教育研究，2005（4）.

[3] 李爱燕，王梅.英国学徒制的发展及其变革 [J].职业技术教育，2014（13）.

[4] 关晶，石伟平.现代学徒制之"现代性"辨析 [J].教育研究，2014（10）.

[5] 陈圆，蒋颖.美国注册学徒制职业培训新政解读：困境与变革 [J].外国教育研究，2011（10）.

[6] 关晶.英国学徒制改革的新进展 [J].职教论坛，2009（25）.

[7] 芮小兰.传统学徒制与现代学徒制的比较研究 [J].消费导刊，2008（4）.

[8] 胡秀锦."现代学徒制"人才培养模式研究 [J].河北师范大学学报（教育科学版），2009（3）.

[9] 宋晶.传统学徒制的伦理精神探寻 [J].职教论坛，2013（28）.

[10] 徐朔.国际职业教育的基本模式及国别比较 [J].外国教育研究，2005（8）.

[11] 刘群，元梅竹.现代学徒制的几种基本模式研究 [J].武汉船舶职业技术学院学报，2013（6）.

[12] 赵彩侠.职业教育的质量提升与科学发展——北京师范大学职业与成人教育研究所所长赵志群教授专访 [J].中国教师，2014（15）.

[13] 杨黎明.关于现代学徒制（一）——什么是现代学徒制 [J].职教论坛，2013（6）.

[14] 翟海魂.实施现代学徒制 深化工学结合 [J].职教论坛，2008（1）.